Das
Xucker Backbuch

30 genussvolle Rezepte
ohne Zucker

Inhalt

Einleitung 8

Backen mit Xucker 10

Über die Rezepte 12

Zutaten, die wir lieben 14

Grundrezepte 16

Saisonale Rezepte 70

    I Frühling 74

    II Sommer 84

    III Herbst 92

    IV Winter 100

Quellenangaben 112

Danksagung 115

Register 116

Einleitung

Wir lieben Süßes ohne Zucker – besonders aber lieben wir xuckersüßen Kuchen, denn er ist der Inbegriff von Genuss. Ganz besonders aber lieben wir Kuchen, weil wir ihn meist nicht für uns alleine backen, sondern mit FreundInnen, der Familie oder lieben KollegInnen teilen. Wir verbinden Kuchen mit schönen Momenten, Erinnerungen und einem Gefühl von Wohlbefinden und Lebensfreude.

Warum wir Süßes ohne Zucker lieben

XUCKER – BESSER SÜSS

Das Verlangen nach Süßem ist uns bereits in die Wiege gelegt. Für den Urmenschen bedeuteten süße Früchte eine schnelle Energiezufuhr, die das Überleben sicherte. Zucker lässt uns deshalb noch immer schwach werden und fördert unseren Appetit. Die Lebensmittelindustrie nutzt dies für sich aus und setzt Fertigprodukten maßlos Zucker zu. Die westliche Bevölkerung isst deshalb zu viel Zucker. Übergewicht, Typ-2-Diabetes und Karies sind die sichtbaren Folgen, aber auch viele Alterserkrankungen, Krebs und ein geschwächtes Immunsystem können durch einen zu hohen Zuckerkonsum gefördert werden.[1,2] Süße Naschereien werden deshalb auch als „kleine Sünden" bezeichnet, ein Stück Kuchen wird schnell zum Symbol für Kontrollverlust.

Wir bei Xucker haben ein Ziel: So vielen Menschen wie möglich süße Genussmomente ohne Zucker zu schenken und ermöglichen, dass Süßes wieder mit gutem Gewissen genossen werden kann. Mit Xylit und Erythrit haben wir eine Süße entdeckt, die wie Zucker schmeckt und genauso aussieht, aber ohne der Gesundheit zu schaden. Wir durchbrechen den suchtähnlichen Kreislauf von Zucker und ermöglichen mit unseren Xucker-Produkten, dass jeder Einzelne wieder frei entscheiden kann, wie viel und wann er nascht – genussvoll und ohne Reue.

Deshalb haben wir in diesem umfangreichen Backbuch die 30 besten Rezepte zusammengefasst, die dir den Alltag und besondere Festlichkeiten ganz ohne Zucker versüßen werden. Von einem einfachen Mürbeteig bis hin zu einer Schwarzwälder Kirschtorte oder einer buttrigen Ostertorte, findest du in diesem Buch alles, was das Herz einer Naschkatze begehrt. Wir haben bei der Kreation unserer Rezepte darauf geachtet, dass sie möglichst arm an leeren Kohlenhydraten sind. Bei manchen Rezepten verwenden wir deshalb keine einfachen Mehle oder Stärke, sondern greifen zu ballaststoff- und vitaminreichen Alternativen.

Bevor es mit dem Backen losgeht, stellen wir dir auf den nächsten Seiten zunächst unsere süßen Zuckeralternativen vor und zeigen dir, wie sie in der Küche verwendet werden können.

Wir wünschen dir beim Entdecken und Ausprobieren viel Genuss!

Dein Xucker-Team

Backen mit Xucker
LIGHT, PREMIUM & CO.

Das Xucker-Sortiment ist vielfältig und wächst ständig. Neben Schokoladen, Aufstrichen und Eiscremes, finden Schleckermäulchen auch eine große Auswahl an Süßungsmitteln zum Backen, Verzieren und Einmachen.

Unsere Süßungsmittel weisen unterschiedliche Eigenschaften auf: Xucker Basic und Xucker Premium werden aus Xylit hergestellt, das 40% weniger Kalorien als Zucker aufweist und genauso stark süßt. Es kann Zucker in Rezepten im Verhältnis 1:1 ersetzen und nimmt viel Wasser beim Verarbeiten auf. Xucker Light, Xucker Bronxe und Puderxucker hingegen werden aus Erythrit hergestellt. Die kalorienfreie Süße weist nur 70% der Süßkraft von Zucker auf und bindet Wasser weniger gut, kristallisiert bei geringer Feuchtigkeit daher schneller aus. Diese unterschiedlichen Eigenschaften entfalten sich in bestimmten Rezepten besonders gut.

Kuchen, Törtchen, Cupcakes

Ein homogener Teig ist die Grundlage für gelungenes Gebäck. Der richtige Xucker sollte sich daher vollständig auflösen. Kuchen, Törtchen & Co. gelingen deshalb am besten, wenn sie mit Xucker Basic oder Xucker Premium zubereitet werden. In manchen Rezepten verwenden wir auch eine Mischung aus Xucker Basic/Premium und Xucker Light, um eine optimale Teigkonsistenz zu erhalten, die weder zu klebrig noch zu trocken ist. Wer beim Backen ausschließlich kalorienfrei süßen möchte, verwendet am besten den sehr fein gemahlenen Puderxucker, dessen Kristalle im Kuchen kaum zu spüren sind. Auch für Xuckerguss, Cremefüllungen oder Toppings ist Puderxucker die beste Wahl.

Sirup, Soßen, Marmeladen & Gelees

Wer Sirup, süße Soßen, Marmeladen oder Fruchtgelees für Kuchen und Gebäck zubereitet, dem empfehlen wir Xucker Basic und Xucker Premium. Sie konservieren die Speisen wie Zucker und sorgen für eine lange Haltbarkeit. Xucker Light kristallisiert beim Abkühlen wieder aus und eignet sich daher nicht für Eingekochtes.

Popcorn, Crème Brûlée & kandierte Nüsse

Während Xucker Basic und Xucker Premium nach dem Erhitzen flüssig bleiben, werden Xucker Bronxe und Xucker Light beim Abkühlen schnell wieder fest und bilden eine süße Knusperschicht. Sowohl beim Herstellen von Popcorn, beim Flambieren, wie bei Crème Brûlée oder beim Kandieren von Nüssen, sind sie daher die erste Wahl! Das Beste: Mit Xucker Bronxe geht „Karamellisieren" viel schneller als mit Zucker, da es nicht lange erhitzt werden muss.

Über die Rezepte
DIE UNS VERFÜHREN

Wir lieben Kuchen! Wir lieben es zu backen! Und wir lieben es, dieses Glück mit anderen zu teilen. In unserem Xucker-Team hat dabei jeder sein eigenes Lieblingsrezept, viele davon sind echte Klassiker. Traditionelle Rezepte wie Russischer Zupfkuchen, Apfelstrudel oder Käsekuchen sind in unserem Ranking ganz weit vorne gelandet, aber auch kreative Rezepte wie unser Schoko-Kirsch-Kuchen, Pavlova und der Red Velvet Cake haben es in dieses Buch geschafft.

Ganz nach unserer Philosophie haben wir bei allen Rezepten auf Zucker verzichtet und mit dem perfekten Verhältnis von Xucker Premium und Xucker Light experimentiert, damit die Kuchen so originalgetreu wie möglich werden. Zusätzlich verzichten wir, soweit es geht, auf andere leere Kohlenhydrate wie Speisestärke und Weißmehl. Diese lassen den Blutzuckerspiegel, genau wie Zucker, stark ansteigen, fördern damit den Appetit und machen uns einfach nicht satt.

Wertvolle Alternativen wie Vollkorn- und Nussmehle punkten mit einem höheren Ballaststoffanteil und wichtigen Nährstoffen. Dadurch kann ein leckerer Sonntagskuchen sogar richtig gesund sein. Um ein optimales Backergebnis zu bekommen, greifen wir außerdem auf kleine Exoten wie Guarkernmehl oder Agar-Agar zurück. Sie sorgen für die richtige Bindung und haben, anders als Speisestärke, keinen Einfluss auf den Blutzuckerspiegel.

Viele unserer Rezepte sind für eine kohlenhydratarme Ernährung bzw. den „LowCarb Lifestyle" geeignet. Bei anderen Rezepten setzen wir auf die Verwendung von Vollkornmehl und frischen Früchten. Unser Bananenbrot ist mit seinen vollwertigen Zutaten zum Beispiel der optimale Energielieferant für Sportler.

Jedes unserer Rezepte ist mit Nährwertenangaben pro Portion versehen. Auch wenn die Süßungsmittel von Xucker zu den Kohlenhydraten gezählt werden, haben sie einen deutlich geringeren bzw. keinen Einfluss auf den Blutzuckerspiegel oder auf die Kalorienbilanz. Wir geben daher genau an, wie viele Kohlenhydrate pro Portion wirklich angerechnet werden müssen.

Zutaten
- DIE WIR LIEBEN -

Gemahlene Nüsse: Nüsse sind reich an Ballaststoffen, hochwertigen Ölen und Eiweißen. Im Gegensatz zu leeren Kohlenhydraten wie Weißmehl, haben sie dadurch einen geringeren Effekt auf den Blutzuckerspiegel und sättigen nachhaltiger. Eingesetzt im Teig, geben gemahlene Nüsse Kuchen und Gebäck ein vollmundiges Aroma und machen sie schön saftig. Ihr hoher Fettgehalt hat es uns ermöglicht, in einigen Rezepten weniger Butter zu verwenden.

Nussmehle: Nussmehle sind nicht zu verwechseln mit gemahlenen Nüssen. Die Mehlvariante wird aus geschälten, entölten und getrockneten Nüssen gewonnen. So enthält es wesentlich weniger Fett und hat ähnliche Backeigenschaften wie Getreidemehl, zieht beim Backen aber etwas mehr Feuchtigkeit ein. Mandelmehl ist relativ geschmacksneutral und so besonders für feines Gebäck geeignet. Bei anderen Rezepten greifen wir gerne auch auf Kokosmehl zurück.

Vollkornmehl: Bei klassischem Weißmehl werden der Keimling und die Schale des Getreidekorns aussortiert. Deshalb enthält zum Beispiel ein Weizenmehl Type 405 durchschnittlich nur 405 mg Mineralien pro 100 g Mehl. Vollkornmehl hingegen wird aus dem vollen Getreidekorn gewonnen und punktet mit einem deutlichen höheren Ballaststoff- und Nährstoffgehalt. Wir verwenden in unseren Rezepten deshalb Vollkorn-Dinkelmehl oder hochwertiges 1050er Dinkelmehl.

Beeren: Frische Beeren sind echte Alleskönner. Sie wachsen im heimischen Garten, sind wunderbar fruchtig-süß und schmecken Großen und Kleinen. Noch dazu liefern sie Unmengen an Vitaminen und Mineralien, die für eine ausgewogene Ernährung wichtig sind. Durch ihren verhältnismäßig geringen Zuckeranteil lassen sie den Blutzuckerspiegel nur langsam ansteigen. Wir verwenden Beeren in unseren Rezepten deshalb besonders gerne als bunte Dekoration.

Eier: Eier stecken voller Nährstoffe und Proteinen. Sie sind beim Backen traditioneller Rezepte wichtig und dabei vielseitig einsetzbar. Eier halten den Teig zusammen und geben ihm Struktur. Aufgeschlagenes Eiweiß macht Teige beispielsweise schön luftig und wird deshalb auch für die leichte Pavlova-Süßspeise oder Biskuitteig verwendet.

Milchprodukte: Butter und Sahne verleihen klassischen Rezepten oft ihren reichhaltigen Geschmack. Durch den hohen Fettgehalt sorgen sie dafür, dass Kuchen und Gebäck saftiger wird. Milchprodukte können in der Regel gut auch durch pflanzliche Alternativen aus Hafer oder Soja bzw. Margarine ersetzt werden.

Agar-Agar: Zum Gelieren verwenden wir das aus Rotalgen gewonnene Agar-Agar, die pflanzliche Variante von Gelatine. Agar-Agar punktet mit einer starken Gelierkraft, Geschmacksneutralität und funktioniert sogar in Kombination mit tropischen Früchten, deren Enzyme klassische Gelatine zersetzten.

GRUNDREZEPTE

Traditionelle Rezepte erwecken bei jedem Bissen
süße Erinnerungen. Wir interpretieren die guten
Klassiker neu und lassen sie wieder aufleben.

Grund genug
ZU BACKEN

Klassische Kuchen haben sich über Generationen hinaus bewährt und bestechen mit ihrer Zeitlosigkeit. Das Geniale an einfachen Rezepten ist, dass sie viel Spielraum für eigene Kreationen lassen.

Unser locker-luftiger Biskuitteig ist beispielsweise die perfekte Grundlage für Torten aller Art, Brownies können beliebig mit Nüssen oder Beeren verfeinert werden und selbst ein Oldie wie Linzer Torte lässt sich mit exotischer Marmelade abwandeln. Marmorkuchen backen wir mit gemahlenen Nüssen und auch bei der Schwarzwälder Kirschtorte verwenden wir kein Mehl.

Für jeden Anlass und jedes Bedürfnis lassen sich mit etwas Kreativität geeignete Rezepte finden. Denn eins ist doch klar: Es gibt immer einen Grund zu backen!

Rezept

Bananenbrot
MIT DINKELVOLLKORNMEHL

Die Amerikaner lieben ihr „Banana Bread", das seit den 30er Jahren in den Backbüchern zu finden ist. Es existieren viele Geschichten um die Entstehung des süßen Brots: Einige glauben, das Bananenbrot sei ein Ergebnis gewissenhafter Hausfrauen, die während der Weltwirtschaftskrise auch überreife Bananen nicht wegwerfen wollten. Andere wiederum vermuten, dass das Bananenbrot von der Industrie entwickelt wurde, um Mehl und Backpulver zu promoten. Fakt ist: Das Bananenbrot erlebt aktuell seinen Siegeszug um die Welt. Überall entstehen neue und interessante Varianten. Zu Recht, denn Bananenbrot ist reich an vollwertigen Kohlenhydraten und damit der optimale Snack für sportlich Aktive, Kinder und perfekt für ein süßes Frühstück. Liebhaber dürfen beim Bananenbrot kreativ werden und den Teig durch weitere Zutaten ergänzen. So lassen sich gehackte Walnüsse, Pecannüsse oder Xucker Schoko-Drops bestens einarbeiten.

Zubereitungszeit:
15 min Arbeit + 45 min Backzeit

Zutaten für eine 30 cm Kastenform:

300 g Dinkelvollkornmehl
½ Päckchen Backpulver
5 reife Bananen, geschält
100 g Xucker Basic/Premium
100 g weiche Bio Butter
2 Bio Eier
1 Prise Salz
Mark einer Vanilleschote
etwas Xucker Bronxe
Fett für die Backform

Den Backofen auf 170°C Umluft vorheizen. Die Butter mit Xucker und Salz schaumig schlagen. Anschließend die Eier sowie das Vanillemark unterrühren. Vier Bananen mit einer Gabel zu einer homogenen Masse zerdrücken und unter die Eimasse rühren. Das Vollkornmehl mit dem Backpulver mischen und unter die Teigmasse heben bis ein glatter Teig entsteht. Den Teig in eine gut eingefettete Kastenform füllen.

Die fünfte Banane längs halbieren und den Kuchen damit verzieren. Den Kuchen zuletzt mit etwas Xucker Bronxe bestreuen, sodass das Bananenbrot eine karamellisierte Kruste bekommt. Den Bananenkuchen für etwa 45 Minuten goldbraun backen.

Tipp: Das Bananenbrot kann warm mit etwas Butter serviert oder auch kalt genossen werden. Es schmeckt zu beerigen Fruchtaufstrichen und Quark besonders gut. Mutige können Bananenbrot aber auch herzhaft mit Bacon und pochiertem Ei genießen.

Nährwerte pro Stück (bei 15 Stücken):
180 kcal // Eiweiß: 4 g // Fett: 7 g // anzurechnende Kohlenhydrate: 24 g // Zucker: 5 g // Ballaststoffe: 2 g

Rezept 2

Mürbeteig

MIT DINKELVOLLKORNMEHL

Mürbeteig ist ein weiches, zartes Gebäck, das ohne die Hilfe von Triebmitteln hergestellt wird. Er kann für Plätzchen und Kuchenboden gleichermaßen verwendet werden. Ein Mürbeteig lässt sich damit über das ganze Jahr unterschiedlich verwenden: Im Frühling schmeckt er hervorragend mit einer weichen Schokocreme, im Sommer wird er mit Vanillepudding und saisonalen Früchten garniert. Im Herbst kann ein Mürbeteig Grundlage für eine süße Kürbiscreme sein, wiederum im Winter wird er zu Plätzchen weiterverarbeitet und mit Xuckerguss, flüssiger Schokolade und gehackten Nüssen dekoriert.

Zubereitungszeit:

20 min Arbeit + 10 min Backzeit

Zutaten für einen 24 cm Kuchenboden:

100 g Dinkelvollkornmehl

50 g kalte Bio Butter

30 g Xucker Basic/Premium

1 Prise Salz

1 Schuss lauwarmes Wasser

Auf der Arbeitsfläche das Mehl zu einem Berg aufschütten, eine Mulde einformen und Xucker, Salz und die gewürfelte Butter hineingeben. Einen Schuss lauwarmes Wasser über die trockene Masse gießen und mit den Händen kräftig verkneten, bis ein geschmeidiger Mürbeteig entsteht. Ist der Teig zu trocken und krümelt, wird etwas mehr Wasser dazu gegeben. Sollte der Teig wiederum zu klebrig sein, sorgt etwas mehr Mehl für die richtige Konsistenz. Den Teig zu einer Kugel formen und für mindestens eine halbe Stunde in den Kühlschrank legen.

Den Backofen auf 180°C Umluft vorheizen. Den Teig in eine mit Backpapier ausgelegte Backform legen und vorsichtig mit den Fingern am Boden andrücken. Den Boden mit einer Gabel ein paar Mal anstechen und für 10-12 Minuten im Ofen auf mittlerer Schiene backen. Der Mürbeteig kann nun als Boden für verschiedene Füllungen verwendet werden.

Tipp: Der Mürbeteig mit Vollkornmehl lässt sich auch hervorragend zu Keksen ausstechen. Dazu sollte der Teig nach dem Ausrollen am besten noch einmal gekühlt werden. So behalten die Kekse beim Backen ihre Form.

Nährwerte pro Portion (bei 12 Stücken):
70 kcal // Eiweiß: 1 g // Fett: 3,6 g //
anzurechnende Kohlenhydrate: 8 g //
Zucker: 0 g // Ballaststoffe: 1 g

Rezept 3

Tungo's Schoko-Kuchen
MIT EIWEISSPULVER

Süßer Genuss ist so leicht, wenn statt leerer Kohlenhydrate und reichlich Fett mit leichten Zutaten wie Mandelmehl, Chiasamen oder Quark gebacken wird. Genau das macht Hussein Jezzini, der im Sommer 2018 das Café Tungo's (www.tungos.de) in der quirligen Mitte Berlins eröffnete. Er hat das Rezept für diesen saftigen und proteinreichen Schokoladen-Kuchen entwickelt. Gemeinsam haben wir das Ziel mehr Menschen für unbeschwertes Naschen zu begeistern: Mit Xucker und den Rezepten von Hussein kann ganz ohne schlechtes Gewissen dem süßen Verlangen nachgegangen werden.

Zubereitungszeit:

15 min Arbeit + 55 min Backzeit

Zutaten für eine 26 cm Rohrbodenform:

3 Bio Eier
50 ml Bio Milch
Mark einer halben Vanilleschote
1 Päckchen Backpulver
1 Ampulle Backaroma Rum
100 ml Bio Sahne
200 g Mandelmehl
30 g Chiasamen
50 g Xucker Heiße Schokolade
110 g Xucker Bronxe
100 g Bio Whey Protein

Zutaten für den Quark:

200 g Bio Magerquark
Saft einer halben Zitrone
1 Handvoll Beeren nach Wahl

Den Backofen auf 160° C Umluft vorheizen. Die Eier trennen und das Weiße vom Ei kühl stellen. Eigelb mit Milch und Sahne sowie dem Vanillemark verrühren. Nacheinander Mandelmehl, Backpulver, Chiasamen und das Heiße Schokoladen-Pulver einrühren. Backpulver, Backaroma, Eiweißpulver und Xucker dazugeben. Den Teig so lange rühren bis eine homogene und cremige Masse entsteht.

Damit der Teig schön luftig wird, das kalte Eiweiß mit einem Handmixer steif schlagen und vorsichtig unter die Teigmasse heben. Den Teig in die gefettete Form geben und im Backofen für etwa 30 Minuten abgedeckt mit Backpapier backen. Danach für weitere 25 Minuten unbedeckt weiterbacken.

In der Zwischenzeit den Magerquark mit dem Zitronensaft cremig rühren und nach Belieben Früchte wie Blaubeeren oder Erdbeeren unterheben. Der angerührte Quark kann als frische Beilage zum Kuchen gereicht werden.

Nährwerte pro Portion (bei 16 Stücken):
133 kcal // Eiweiß: 15 g // Fett: 5 g // anzurechnende Kohlenhydrate: 4 g // Zucker: 2 g // Ballaststoffe: 2,7 g

Rezept 4

Biskuitboden
MIT GEMAHLENEN MANDELN

Noch im 17. Jahrhundert galt ein Biskuit als ein knuspriges Stück Zwieback, das dank seiner Haltbarkeit für lange Reisen über das Meer hergestellt wurde. Heute ist ein guter Biskuitteig alles andere als hart und trocken: Leicht, luftig und zugleich saftig muss er sein. Das wird ein Biskuit vor allem dann, wenn die Eimasse gut aufgeschlagen und der Teig zügig zum Backen in den Ofen geschoben wird. So wenig wie möglich sollte die eingerührte Luft wieder entweichen. Ein Biskuitboden kann nach Herzenslust verarbeitet werden: Ob erfrischend belegt mit einer leichten Joghurt-Sahne-Creme, Marmelade und frischen Früchten oder etwas schwerer mit gesüßter Mascarpone, Espresso und Schokolade. Noch dazu ist er die perfekte Grundlage für mehrstöckige Torten. Der Fantasie sind also keine Grenzen gesetzt.

Zubereitungszeit:
20 min Arbeit + 25 min Backzeit

**Zutaten für eine
20 cm Springform:**

3 Bio Eier
50 g gemahlene Mandeln
25 g Dinkelvollkornmehl
1 TL Backpulver
50 g Xucker Basic/Premium

Den Backofen auf 180°C Ober- und Unterhitze vorheizen. Die Eier in eine Schüssel schlagen, den Xucker dazugeben und mit einem Handmixer maximal schaumig aufschlagen. Die Masse sollte sich mindestens verdoppeln und wesentlich heller werden.

Nun die gemahlenen Mandeln mit Backpulver und dem Mehl vermischen und über die Eimasse sieben. Die trockene Mischung vorsichtig unterheben, damit der Teig weiterhin schön fluffig bleibt.

Anschließend den Teig in die mit Backpapier ausgelegte Springform füllen. Den Biskuitboden für 20-25 Minuten im Backofen goldgelb backen. Nach der Backzeit unbedingt die Stäbchenprobe machen. Mit einem Holzstäbchen in den Teig pieken. Bleibt etwas Teig daran hängen, wird der Boden für weitere 4-5 Minuten gebacken. Den noch warmen Biskuitboden aus der Form lösen und mit der Oberseite auf eine ebene Platte stürzen, damit sich die Dellen noch ausformen können. Den Kuchen vor dem Garnieren vollständig abkühlen lassen.

Tipp: Die angegebene Menge an Zutaten ergibt einen ca. 2 cm hohen Biskuitboden. Für eine mehrstöckige Torte empfiehlt es sich, den Teig jeweils in der doppelten oder dreifachen Menge anzurühren und mit mehreren Springformen zu backen. Alternativ kann der Boden, wenn er gut ausgekühlt ist, auch der Länge nach geteilt werden.

Nährwerte pro Portion (bei 8 Stücken):
96 kcal // Eiweiß: 4 g // Fett: 12 g //
anzurechnende Kohlenhydrate: 13 g //
Zucker: 1 g // Ballaststoffe: 2 g

Rezept 5

Brownies
OHNE EI

Der Brownie ist ein Rührteig mit wenig Mehl und viel Kakaopulver. Erstmals kreiert wurde er bereits gegen Ende des 18. Jahrhunderts in den USA als ein exklusives Dessert, das unproblematisch zu Veranstaltungen transportiert werden konnte. Aber auch von europäischen Kaffeetafeln sind Brownies nicht mehr wegzudenken. In unserem Brownie-Rezept verwenden wir Dinkelvollkornmehl, das dem Teig ein vollmundiges Aroma gibt. Es wird mit Brownies aber nie langweilig: Der erste Brownie wurde beispielsweise mit Walnüssen gebacken und mit einer fruchtigen Aprikosen-Marmelade bestrichen. Es geht aber noch kreativer: Wie wäre es zum Beispiel mit Erdnussbutter-Bananen-Brownies oder erfrischenden Minz-Brownies?

Zubereitungszeit:

15 min Arbeit + 20 min Backzeit

**Zutaten
für ein Backblech:**

100 g Xucker Schoko-Drops Vollmilch

100 g weiche Bio Butter

80 g Xucker Light

80 g Xucker Basic/Premium

100 ml Bio Milch (oder pflanzliche Milchalternative)

60 g Dinkelvollkornmehl

30 g Backkakao

5 g Johannisbrotkernmehl

1 Prise Salz

Den Backofen auf 180°C Ober- und Unterhitze vorheizen und die Schokodrops in der Mikrowelle oder im Wasserbad bei mittlerer Hitze schmelzen. Dazu einen Topf Wasser zum Sieden bringen und vom Herd nehmen. Nun einen kleineren Topf mit Schokolade hineinhängen, ohne dass diese mit dem Wasser in Berührung kommt. Die Schokolade unter ständigem Rühren schmelzen.

Nun die weiche Butter mit Xucker Basic/Premium, Xucker Light und Salz cremig aufschlagen. Die geschmolzene Schokolade unterrühren und die Milch dazugeben.

Mehl, Backkakao und Johannisbrotkernmehl mischen und unter die Buttermasse rühren. Den homogenen Teig auf ein kleines, mit Backpapier ausgelegtes Backblech streichen und für 20 Minuten im Ofen backen. Den fertig gebackenen Teig etwas abkühlen lassen und in ca. 20 Stücke schneiden. Die Brownies lauwarm oder kalt genießen.

Tipp: Die Brownies in unserem Rezept werden recht flach und können auch als Schokoladenboden verwendet werden. Wer seine Brownies etwas dicker und fudgy mag, nimmt einfach die doppelte bis dreifache Menge an Teig.

Nährwerte pro Portion (bei 20 Stücken):
94 kcal // Eiweiß: 1,2 g // Fett: 7 g //
anzurechnende Kohlenhydrate: 7,5 g //
Zucker: 0 g // Ballaststoffe: 1 g

Rezept 6

Linzer Torte
MIT XUCKER FRUCHTAUFSTRICH

Nussig-herb und zugleich fruchtig-frisch: Die Linzer Torte ist ein traditionelles Gebäck aus Österreich, das aus einem Linzer Teig und dunkler Marmelade zubereitet wird. Es wird gemunkelt, dass es sich bei der Linzer Torte um die älteste bekannte Torte der Welt handelt, da sie bereits im 17. Jahrhundert schriftliche Erwähnung im Backbuch einer Gräfin aus Verona fand. Auch im Römischen Reich sollen ähnliche Torten bereits gebacken worden sein. Heute wird die flache Torte in die ganze Welt versendet.

Zubereitungszeit:

30 min Arbeit + 45 min Backzeit + 60 min Wartezeit

Zutaten für eine 26 cm Pie-Form:

100 g Xucker Basic/Premium
100 g weiche Bio Butter
2 Bio Eier
2 EL Zimt
1 Prise Salz
150 g gemahlene Mandeln
150 g gemahlene Haselnüsse
150 g Vollkornmehl
300 g Xucker Fruchtaufstrich Rote Früchte
50 g Xucker Fruchtaufstrich Aprikose

Die Butter mit dem Xucker schaumig rühren. Die Eier dazugeben und sorgfältig einrühren. Nacheinander die gemahlenen Mandeln und Haselnüsse sowie das Vollkornmehl, Salz und Zimt dazugeben und gut verkneten, bis ein weicher Mürbeteig entsteht. Den Teig für etwa eine Stunde kaltstellen.

Den Backofen auf 180°C Umluft vorheizen. Die Pie-Form gut ausbuttern oder mit einem rund zugeschnittenen Backpapier auslegen. Wenn der Teig schön fest ist, etwa ¾ der Menge dünn ausrollen und in die Form legen.
Den überhängenden Rand abschneiden. Den Beeren-Fruchtaufstrich großzügig auf dem Boden verteilen.

Das verbleibende Viertel des Teiges ebenso dünn ausrollen und in etwa 1,5 cm breite Streifen schneiden. Diese in Rautenform auf den Kuchen legen und am Rand festdrücken. Die Linzer Torte für ca. 45 Minuten backen.

Tipp: Die noch heiße Torte mit dem Aprikosen-Fruchtaufstrich bestreichen. So bekommt das Gitter noch einen wundervollen Glanz.

Nährwerte pro Portion (bei 16 Stücken): 222 kcal // Eiweiß: 5 g // Fett: 17 g // anzurechnende Kohlenhydrate: 17 g // Zucker: 1,8 g // Ballaststoffe: 2,6 g

Rezept

Russischer Zupfkuchen
MIT QUARK

Ein Zupfkuchen kombiniert alles, was das Herz einer Naschkatze begehrt: Schokokuchen und Käsekuchen, addiert mit viel Saftigkeit. Klar, dass der Zupfkuchen derart beliebt ist. Vielen ist er auch als russischer Zupfkuchen bekannt, dabei ist die Herkunft des Kuchens bislang ungeklärt und der köstliche Kuchenschatz in Russland als deutsche Spezialität bekannt. Woher der Zupfkuchen auch stammen mag, er ist und bleibt fester Bestandteil unserer Kuchentafeln.

Zubereitungszeit:

30 min Arbeit + 60 min Backzeit

**Zutaten für eine
24 cm Springform für
den Schoko-Teig:**

125 g weiche Bio Butter

50 g Xucker Basic/Premium

60 g Xucker Light

2 Bio Eier

250 g Dinkelvollkornmehl

1 TL Backpulver

30 g Backkakao

1 Prise Salz

Für die Quarkfüllung:

125 g flüssige Bio Butter

50 g Xucker Basic/Premium

70 g Xucker Light

2 Bio Eier

500 g Bio Magerquark

150 g Bio Frischkäse

Mark einer Vanilleschote

Den Ofen auf 180 °C Ober- und Unterhitze vorheizen. Für den Schoko-Teig die Butter zusammen mit beiden Xucker-Sorten schaumig aufschlagen. Die Eier unterrühren und mit Backpulver, Mehl, Salz und Backkakao zu einer homogenen Masse verkneten. Den Teig für 10 bis 15 Minuten im Kühlschrank ruhen lassen. Anschließend die 24 cm Springform mit Backpapier auslegen und ⅔ des Teiges darauf verteilen und am Rand etwa 4 cm hochziehen.

Für die Quarkmasse Eier, Xucker Basic/Premium, Xucker Light und Vanillemark schaumig aufschlagen. Nun den Magerquark, den Frischkäse und die Butter vorsichtig unterrühren. Die Quarkmasse auf den Schokoteig geben. Den restlichen Schokoteig abschließend zerrupfen und über die Quarkmasse verteilen.

Der Kuchen wird nun für eine Stunde gebacken, bis seine oberste Schicht goldbraun ist. Den Kuchen bei geöffneter Ofentür abkühlen lassen.

Nährwerte pro Portion (bei 16 Stücken):
276 kcal // Eiweiß: 9 g // Fett: 18,7 g //
anzurechnende Kohlenhydrate: 14 g //
Zucker: 1,8 g // Ballaststoffe: 2 g

Rezept 8

Tungo's Kirsch-Muffins
MIT STREUSELN

Muffins sind kleine runde Kuchen, die in einer speziellen Backform zubereitet werden. Bei diesem süßen Minigebäck sind der Kreativität keine Grenzen gesetzt. Ob mit Beeren, Schokolade, Streuseln oder einem cremigen Häubchen, die Welt der Muffins ist groß. Das Rezept für unsere leckeren und vollwertigen Kirsch-Muffins stammt von Hussein Jezzini, Gründer des Café Tungo's (www.tungos.de) in Berlin. Gemeinsam haben wir das Ziel mehr Menschen für unbeschwertes zuckerarmes Naschen zu begeistern.

Zubereitungszeit:
25 min Arbeit + 30 min Backzeit

Zutaten für 16 Muffins für den Teig:

150 g Dinkelmehl 1050
100 g Dinkelvollkornmehl
2 TL Backpulver
100 g Xucker Basic/Premium
2 Bio Eier
80 g weiche Bio Butter
200 g Bio Schmand
80 g Xucker Schoko-Drops Edelbitter
500 g frische Kirschen
Mark einer halben Vanilleschote

Für die Streusel:

100 g Mandelmehl
50 g Kokosraspel
75 g weiche Bio Butter
75 g Xucker Basic/Premium
1 Msp. Zimt

Papierförmchen in die Mulden eines Muffinblechs setzen. Den Backofen auf 200°C Ober- und Unterhitze oder 175°C Umluft vorheizen. Die frischen Kirschen entsteinen.

Dinkel- und Dinkelvollkornmehl mit Backpulver in einer Schüssel gut vermischen. In einer zweiten Schüssel die Eier mit Xucker schaumig schlagen. Vanillemark, zerlassene Butter und Schmand unterrühren. Die Mehlmischung unterheben und dann vorsichtig die Kirschen sowie die Xucker Schoko-Drops dazu geben. Alles zügig unterrühren und den Teig in die Förmchen füllen. Die Schoko-Drops in die Muffins drücken.

Für die Streusel Mehl, Xucker, Zimt, Kokosraspeln und Butter zu einem krümeligen Teig kneten. Die Streusel auf den Muffinteig verteilen. Die Muffins für 25-30 Minuten backen bis sie goldbraun sind. Vor dem Genießen sollten sie gut auskühlen.

Tipp: Die Muffins schmecken auch mit anderen Früchten wie Blaubeeren, Äpfeln oder nur mit Xucker Schoko-Drops hervorragend.

Nährwerte pro Portion (bei 16 Stücken):
290 kcal // Eiweiß: 7 g // Fett: 18 g // anzurechnende Kohlenhydrate: 22 g // Zucker: 4 g // Ballaststoffe: 3 g

Rezept 9

Möhrenkuchen
OHNE MEHL

Der Kuchen mit Möhre hat viele Namen: Karottenkuchen, Carrot Cake, Möhrenkuchen oder Rüblitorte. Auch wenn die Rezepte variieren, haben sie doch eines gemein: Der Möhrenkuchen passt auf jede Kaffeetafel und schmeckt so gar nicht nach dem orangenen Gemüse. Die Karotte im Kuchen sorgt vielmehr für eine schöne Farbgebung und eine traumhafte Saftigkeit. Erfunden wurde der Rüblikuchen bereits im 19. Jahrhundert in der Schweiz, im sogenannten „Rüblikanton" rund um Aarau, wo einst viele Rübenbauern lebten. Wir haben das traditionelle Rezept abgewandelt und verwenden gemahlene Mandeln, die den Kuchen leichter machen.

Zubereitungszeit:

20 min Arbeit + 40 min Backzeit

**Zutaten für den Teig
für eine 20 cm Springform:**

2 große Möhren

150 g gemahlene Mandeln

75 g Xucker Basic/Premium

3 Bio Eier

Mark einer halben Vanilleschote

1 TL Backpulver

Für das Topping:

80 g Bio Frischkäse

3 EL Puderxucker

Den Backofen auf 180°C Umluft vorheizen und die Springform gut einfetten. Die Möhren schälen und mit einer Gemüsereibe fein raspeln. Nun die Eier trennen und das Eiweiß mit einem Handmixer richtig schön steif schlagen. Eigelb, Xucker und Vanillemark in eine separate Schüssel geben und aufschlagen, sodass die Masse luftig und hell wird.

Möhrenraspeln, gemahlene Mandeln und das Backpulver unter die Eigelbcreme rühren. Ist alles gut vermengt, den Eischnee portionsweise unterheben. So bleibt möglichst viel Luft im Teig. Den fertigen Teig in die Springform füllen und glattstreichen.

Den Kuchen für etwa 40 Minuten auf mittlerer Schiene backen. Wie immer verrät uns die Stäbchenprobe, ob der Kuchen fertig ist. Sollte noch etwas Teig kleben bleiben, wird der Kuchen für 5 Minuten weitergebacken.

Wenn der Kuchen abgekühlt ist, kann der Frischkäse mit dem Puderxucker verrührt und auf den Kuchen gestrichen werden. Den Kuchen zusätzlich nach Belieben mit Möhrenstreifen und Mandeln dekorieren.

Tipp: Der Kuchen ist durch die geraspelten Möhren und Mandeln sehr saftig und nussig im Geschmack. Sein Aroma wird auch durch eine Schicht aus dunkler Schokolade wunderbar ergänzt.

Nährwerte pro Portion (bei 8 Stücken):
116 kcal // Eiweiß: 4 g // Fett: 8 g //
anzurechnende Kohlenhydrate: 5 g //
Zucker: 1,5 g // Ballaststoffe: 2 g

Rezept 10

Chocolate Chip Cookies

MIT DINKELVOLLKORNMEHL

Cookies gehören zu den traditionellen süßen Gebäcken Amerikas. Ihr Name leitet sich jedoch aus der niederländischen Sprache ab. Früher fertigten Bäcker Kuchenteige zunächst in kleinen Portionen zur Probe an, den sogenannten „koekje". In der amerikanischen Backstube geht es bunt zu, denn Cookies können mit den unterschiedlichsten Zutaten kombiniert werden: Walnüsse, Haselnüsse, getrocknete Früchte oder Cerealien. Die wohl beliebteste Sorte ist der Chocolate Chip Cookie, der mit kleinen Schokoladen-Stücken nach Wahl gespickt ist. Der Cookie schmeckt besonders gut, wenn er zuvor in ein Glas frische Milch getunkt wird.

Zubereitungszeit:
30 min Arbeit + 15 min Backzeit

Zutaten für ein Backblech:
130 g weiche Bio Butter
140 g Puderxucker
2 Bio Eier
140 g Dinkelvollkornmehl
1 TL Natron
100 g Xucker Schoko-Drops Edelbitter

Den Ofen auf 190°C Ober- und Unterhitze vorheizen. Die Butter und den Puderxucker aufschlagen. Nacheinander die Eier, das Mehl und Natron kräftig einrühren. Nun die Schoko-Drops unter die Teigmasse heben. Das Backblech mit Backpapier auslegen.

Den Teig mit einem Löffel in gleichgroßen Mengen auf das Backpapier geben. Dabei genügend Abstand zwischen den Keksen lassen, damit sie beim Zerlaufen nicht zusammenkleben. Die Chocolate Chip Cookies für 15 Minuten im Ofen backen. Nachdem die Kekse vollständig abgekühlt sind, erhalten sie eine schöne Festigkeit und können vom Backpapier gelöst werden.

Tipp: Werden die Chocolate Chip Cookies zusätzlich mit gehackten Walnüssen oder Cashews verfeinert, schmecken die Kekse besonders vollmundig.

Nährwerte pro Keks (bei 12 Stücken):
271 kcal // Eiweiß: 5 g // Fett: 21 g // anzurechnende Kohlenhydrate: 27 g // Zucker: 0 g // Ballaststoffe: 2 g

Rezept 11

Biskuitrolle
MIT ERDBEERSAHNE

Eine Biskuitrolle vereint luftig-fluffigen Biskuitteig mit einer fruchtig-leichten Creme. Doch vor der exquisiten Gebäckrolle schrecken Hobby-Bäcker sowie Küchen-Profis zurück. Sie fürchten sich allesamt vor einem Teig, der beim Rollen bricht oder vor herausquellender Sahne, die das Meisterwerk zum Einsturz bringt. Damit die luftige Rolle mit Sahnefüllung wirklich jedem gelingt, sind tatsächlich einige Tricks notwendig. Wir haben an der richtigen Rezeptur für einen Teig ohne Zucker lange gearbeitet: Wir versuchten es mit gemahlenen Nüssen, der Teig brach. Wir wollten eine leichte Quarkcreme herstellen, doch sie war zu schwer für den Boden. Schließlich verwenden wir in dem Rezept ein hochwertiges Dinkelmehl anstelle eines Nuss- oder Vollkornmehls. Dank des Dinkelmehls lässt sich der Teig nach dem Backen am besten biegen und zu einer Biskuitrolle formen, die bei uns ganz klassisch mit Sahne und Erdbeeren gefüllt wird.

Zubereitungszeit:

40 min Arbeit + 15 min Backzeit

Zutaten
Für den Teig:

3 Bio Eier
50 g Xucker Basic/Premium
80 g Dinkelmehl 1050
2 TL Backpulver
1 Prise Salz

Für die Füllung:

100 g Bio Sahne
1 Päckchen Sahnesteif
20 g Xucker Basic/Premium
150 g frische Erdbeeren
100 g Xucker Fruchtaufstrich Erdbeere

Den Ofen auf 200°C Ober- und Unterhitze vorheizen. Für den Teig die Eier trennen. Das Eiweiß mit einem Rührgerät steif schlagen. Den Xucker dabei vorsichtig einrieseln lassen. Anschließend das Eigelb separat verquirlen. Etwas Eischnee in das Eigelb einrühren – diesen Trick nennt man Angleichen. Wenn nun die Eigelbmasse unter den Eischnee gehoben wird, bleibt der Teig schön luftig.

Dinkelmehl, Backpulver und Salz gut miteinander vermischen und sorgfältig auf die Eimasse sieben. Die trockenen Zutaten vorsichtig unterziehen und den Teig schnell auf das mit Backpapier ausgelegte Blech verteilen. Den Biskuitboden für 15 Minuten backen. Anschließend den warmen Teig in ein trockenes, sauberes Handtuch einrollen und komplett auskühlen lassen.

In der Zwischenzeit die Sahne anschlagen, Xucker und Sahnesteif mischen und beim Weiterschlagen in die Sahne einrieseln lassen. Eine Hälfte der Erdbeeren pürieren, die andere in kleine Würfel schneiden. Beides unter die Sahne ziehen.

Die Biskuitrolle wieder ausrollen und mit dem Fruchtaufstrich bestreichen. Nun die Erdbeersahne darauf verteilen und das Ende der Fläche aussparen, damit die Creme später nicht herausquillt. Den Biskuitboden wieder einrollen und im Kühlschrank für mehrere Stunden kaltstellen.

Nährwerte pro Portion (bei 12 Stücken): 102 kcal // Eiweiß: 3 g // Fett: 22 g // anzurechnende Kohlenhydrate: 12 g // Zucker: 1,7 g // Ballaststoffe: 0,7 g

Rezept 12

Schoko-Kirsch-Kuchen
MIT KOKOS

Dieser Kuchen ist eine fröhliche Kreation aus unseren Lieblingszutaten: Kokos, Schokolade, Kirschen und aromatischer Vanillecreme. Deshalb schmeckt er auch Groß und Klein und passt sowohl zu bunten Feierlichkeiten als auch zum gemütlichen Kaffee-Tisch. Am besten aber schmeckt dieser Kuchen, wenn er mit lieben Menschen geteilt wird.

Zubereitungszeit:
25 min Arbeit + 90 min Wartezeit + 30 min Backzeit

Zutaten für den Rührteig für eine 24 cm Springform:
4 Bio Eier
160 g Xucker Basic/Premium
150 g Bio Butter
100 g Dinkelmehl 1050
½ Päckchen Backpulver
3 El Backkakao
1 Glas ungezuckerte Kirschen oder 400 g entsteinte, frische Kirschen

Creme:
400 g Bio Schmand
400 ml Bio Schlagsahne
6 EL Puderxucker
2 Päckchen Sahnesteif
Mark einer halben Vanilleschote

Topping:
50 g Kokosraspeln
50 g Bio Butter
50 g Xucker Bronxe

Den Backofen auf 180°C Ober- und Unterhitze vorheizen. Die Springform mit Backpapier auslegen und den Rand einbuttern. Nun den Xucker mit Butter und Eiern schaumig aufschlagen. Die trockenen Zutaten vermischen und unter den Teig rühren. Diesen in die Form füllen. Die Kirschen mit Mehl bestäuben und auf dem Teig verteilen. Für etwa 25-30 Minuten backen.

In der Zwischenzeit das Topping vorbereiten. Dafür die Butter und den Xucker Bronxe in der Pfanne schmelzen, die Kokosraspeln dazugeben und karamellisieren. In eine Schüssel füllen und abkühlen lassen.

Wenn der Kuchen komplett ausgekühlt ist, den Schmand mit Xucker und dem Vanillemark verrühren. Die Sahne mit dem Sahnesteif steifschlagen und unterheben. Die Creme auf dem Kuchen verteilen und für eine Stunde in den Kühlschrank stellen. Vor dem Servieren das Kokos-Topping auf der Creme verteilen und nach Belieben mit Kirschen dekorieren.

Nährwerte pro Portion (bei 12 Stücken): 440 kcal // Eiweiß: 6 g // Fett: 32 g // anzurechnende Kohlenhydrate: 23,4 g // Zucker: 7,2 g // Ballaststoffe: 2,4 g

Rezept 13

Gedeckter Apfelkuchen
MIT MANDELMEHL

Apfelkuchen galten schon vor über 600 Jahren als Delikatesse, da Zucker eine Luxusware war und zum Backen üblicherweise auf süßeres Obst und Beeren zurückgegriffen wurde. Damals wurde der Apfelkuchen mit einer abnehmbaren Kruste gebacken, die dafür sorgte, dass die Äpfel gut garen konnten. Erst nach dem Backen wurden die Äpfel gesüßt und gewürzt, der Kuchen wieder gedeckt und serviert. Der gedeckte Apfelkuchen erinnert auch heute noch an einen britischen Pie und besteht aus saftigem Mürbeteig und einer aromatischen Apfelfüllung. In unserem Rezept verwenden wir Mandelmehl, das dem Kuchen ein nussiges Aroma verleiht. Am wichtigsten ist jedoch die Wahl der richtigen Apfelsorte: Es eignen sich am besten spritzig-aromatische Äpfel wie der Boskoop. Er ist säuerlich-süß und schön knackig, weshalb er auch nach dem Backen noch eine angenehme Textur aufweist.

Zubereitungszeit:
40 min Arbeit + 25 min Backzeit

Zutaten für den Mürbeteig für eine 20 cm Springform:

190 g Mandelmehl
80 g Xucker Basic/Premium
80 g Bio Butter
1 Bio Ei
1 Prise Salz

Für die Apfelfüllung:

Mark einer halben Vanilleschote
1 kg säuerliche Äpfel (z.B. Boskoop)
Saft einer halben Zitrone
40 g Xucker Basic/Premium
½ TL Zimt
3 TL Xucker Aufstrich Apfel-Zimt

Für den Xuckerguss:

3 EL Puderxucker
Saft einer halben Zitrone

Nährwerte pro Portion (bei 8 Stücken): 262 kcal // Eiweiß: 13 g // Fett: 11 g // anzurechnende Kohlenhydrate: 23 g // Zucker: 13 g // Ballaststoffe: 5 g

Aus Mandelmehl, Xucker, Butter, dem Ei und einer Prise Salz einen Mürbeteig herstellen. Dafür alles in eine Schüssel geben, die Butter flöckchenweise darüber verteilen und gut mit den Händen durchkneten. Den Teig abgedeckt für mindestens eine halbe Stunde im Kühlschrank kaltstellen.

In der Zwischenzeit die Äpfel schälen und in Würfel schneiden. Den Saft einer halben Zitrone in einen Topf geben und die Apfelstücke darin schwenken, damit sie nicht braun werden. Zimt und Xucker dazugeben und für etwa 10 Minuten bei mittlerer Hitze weich köcheln, vom Herd nehmen und abkühlen lassen. Nun 3 TL des Apfel-Zimt-Fruchtaufstrichs unterheben.

Den Ofen auf 180°C Ober- und Unterhitze vorheizen. Etwa ⅔ des Teiges zwischen zwei Backpapier-Zuschnitten ausrollen und in die Springform geben, den Rand hochziehen und mit einer Gabel einstechen. Den Boden für etwa 5 Minuten vorbacken. Nun den Rest des Teiges genauso ausrollen und im richtigen Durchmesser zuschneiden.

Jetzt die Apfelfüllung in die Springform geben und den Teigdeckel auf den Kuchen legen. Den übrigen Mürbeteig nach Belieben, z.B. in Form von Herzen oder Blumen ausstechen und als Deko auf dem Kuchen anrichten. Den Kuchen im Ofen für 20 Minuten backen.

Ist der Kuchen abgekühlt, wird er mit Xuckerguss bestrichen. Dazu Puderxucker mit dem Zitronensaft verrühren und mit einem Pinsel auf den Kuchen auftragen. Durchziehen lassen und genießen.

Tipp: Der Teig des gedeckten Apfelkuchens wird ab dem zweiten Tag bereits weicher. Am besten wird der Kuchen also direkt am Backtag genossen.

Rezept
14

Zitronen-Quark Kuchen
MIT KOKOSMEHL

Manchmal möchten wir weniger Zeit in der warmen Küche verbringen und uns an leichten Desserts und frischem Gebäck erfreuen. Die Stunde des Zitronenkuchens bricht nun an, denn kein anderer Kuchen kann so schnell angerührt werden und ist so erfrischend zugleich. In unserem Rezept verzichten wir auf Getreidemehl und verwenden ausschließlich Quark, gemahlene Mandeln und Kokosmehl. Der Kuchen ist dadurch besonders arm an Kohlenhydraten und verträgt sich auch als leichter Nachtisch hervorragend.

Zubereitungszeit:
15 min Arbeit + 45 min Backzeit

**Zutaten
für eine Kasten-Form:**
4 Bio Eier
150 g Bio Magerquark
50 g Bio Butter
100 g gemahlene Mandeln
50 g Kokosmehl
½ Päckchen Backpulver
100 g Xucker Basic/Premium
2 unbehandelte Zitronen
1 Prise Salz

Den Ofen auf 170°C Umluft vorheizen. Die Eier trennen und das Eiweiß kaltstellen. Die Schale der Zitronen, ohne den weißen Teil, vorsichtig mit einer feinen Raspel abreiben. Die Eigelbe, Xucker, Butter, Quark und den Abrieb sowie den Saft von zwei Zitronen zu einer glatten Masse verrühren.

Separat die gemahlenen Mandeln, Kokosmehl, Backpulver und Salz vermischen und mit der Ei-Quark-Masse verrühren. Die Eiweiße steif schlagen und den Eischnee unter den Teig heben. Dabei darauf achten, dass möglichst viel Luft im Teig erhalten bleibt.

Jetzt kann der Teig in die gut ausgefettete Kastenform gefüllt werden. Den Kuchen für 45 Minuten backen und vor dem Verzehr vollständig auskühlen lassen.

Tipp: Eine dünne Schicht aus Xuckerguss passt perfekt zum Zitronen-Quark-Kuchen. Dazu Puderxucker mit Zitronensaft im Verhältnis 3:1 anrühren und über dem Kuchen verteilen. Den Kuchen nach Belieben mit Zitronenscheiben und Schalenabrieb garnieren.

Nährwerte pro Portion (bei 15 Stücken):
125 kcal // Eiweiß: 5 g // Fett: 15 g //
anzurechnende Kohlenhydrate: 6 g //
Zucker: 1,5 g // Ballaststoffe: 2 g

Rezept

15

Käsekuchen

OHNE BODEN

Am Käsekuchen scheiden sich die Geister. Obwohl er ein echter Klassiker ist, gibt es ihn in tausend verschiedenen Variationen, angefangen „mit Boden" oder „ohne Boden", bei der richtigen Auswahl des Quarks oder Frischkäses bis hin zum Grad der Süße und Säure. Bei der Auswahl eines Käsekuchen-Rezepts haben wir uns schwergetan, denn bei keinem anderen Kuchen sind die Geschmäcker so verschieden. Entschieden haben wir uns deshalb für zwei Varianten: einen amerikanischen Cheesecake mit cremigem Frischkäse und Baiserhaube und diesen schnittfesten Käsekuchen aus Quark und ohne Boden.

Zubereitungszeit:

15 min Arbeit + 55 min Backzeit

Zutaten für eine 20 cm Springform:

3 Bio Eier
70 g weiche Bio Butter
70 g Xucker Basic/Premium
500 g Bio Magerquark
Mark einer halben
  Vanilleschote
1 TL Guarkernmehl

Den Backofen auf 180°C Ober- und Unterhitze vorheizen. Die Eier trennen und das Eiweiß kaltstellen. Butter, Xucker und Vanille schaumig schlagen, den Magerquark und die Eigelbe dazugeben und alles zu einer glatten Masse rühren. Das Guarkernmehl mit einem feinen Sieb darüber verteilen und gut unterrühren. Die Eiweiße steif schlagen und den Eischnee vorsichtig unter die Quarkmasse heben, alles in eine gefettete oder mit Backpapier ausgelegte Springform füllen und für etwa 55 Minuten goldgelb backen. Sollte der Kuchen zu dunkel werden, kann er nach der Hälfte der Zeit mit Backpapier abgedeckt werden. Den Kuchen vor dem Anschnitt gut auskühlen lassen.

Tipp: Zu dem Käsekuchen passen Früchte perfekt. Für eine Fruchtsauce werden zwei Hände voll Erdbeeren püriert und mit einem Esslöffel Puderxucker zu einem glatten Guss verrührt.

Nährwerte pro Portion (bei 12 Stücken):
157 kcal // Eiweiß: 2 g // Fett: 11,7 g //
anzurechnende Kohlenhydrate: 12,5 g //
Zucker: 0 g // Ballaststoffe: 1,7 g

Rezept 16

Cheesecake
MIT FRISCHKÄSE

Während ein deutscher Käsekuchen klassisch mit einer fluffigen Quarkcreme punktet, kommen beim New York Cheesecake all diejenigen auf ihre Kosten, die es cremig und nicht so süß mögen. Meist besteht er aus einem festen Keksboden und einer Frischkäse-Creme. Bei unserem Rezept dürfen Limetten nicht fehlen, denn die leichte Säure lässt das Wasser im Mund zusammenlaufen. So wie sich Deutsche über das beste Rezept für einen Käsekuchen uneinig sind, so eifrig diskutieren Amerikaner über die Herkunft des Cheesecakes. Es wird gemunkelt, dass der New York Cheesecake nicht in der „Stadt der unbegrenzten Möglichkeiten" kreiert wurde, sondern in einer Molkerei Philadelphias. Die New Yorker, so viel ist jedoch sicher, verliebten sich als erste in den rahmigen Cheesecake. Bereits seit den 20er Jahren ist er in den berühmtesten Deli-Läden der Stadt zu kaufen.

Zubereitungszeit:

15 min Arbeit + 60 min Backzeit
+ 180 min Wartezeit

Zutaten für den Boden für eine 20 cm Springform:

70 g zarte Haferflocken
40 g flüssige Bio Butter
2 EL Xucker Bronxe
1 Schuss Wasser

Für die Cheesecake-Creme:

250 g fettreduzierten Bio Frischkäse
250 g Bio Frischkäse mit Doppelrahmstufe
3 Bio Eier
Saft von 3-4 Limetten
80 g Xucker Basic/Premium
3 EL Xucker Bronxe
Mark einer halben Vanilleschote

Für das Baiser:

2 Bio Eiweiß
4 EL Puderxucker
1 Msp. Backpulver

Den Backofen auf 170°C Ober- und Unterhitze vorheizen. Die Haferflocken in einem Mixer zerkleinern, mit Xucker und einem Schuss Wasser vermengen und etwas quellen lassen. Die flüssige Butter dazugeben, verrühren und den Teig als Boden in einer gefetteten Springform andrücken. Für eine halbe Stunde im Kühlschrank fest werden lassen.

In der Zwischenzeit die Frischkäsesorten mit Xucker aufschlagen, anschließend Eier, Limettensaft und Vanillemark unterrühren. Die Frischkäsecreme vorsichtig auf dem Boden verteilen. Den Kuchen für ca. 50 Minuten backen. Ungefähr 5 Minuten vor Ende der Backzeit das Eiweiß mit Puderxucker und Backpulver glänzend steifschlagen. Die Baisermasse auf dem Kuchen verteilen und weitere 10 Minuten im Ofen backen. Er sollte nun am besten über Nacht, aber wenigstens für 3 Stunden, im Kühlschrank ruhen. Den Kuchen vor dem Servieren mit Limettenabrieb garnieren.

Tipp: Für ein richtig cremiges Ergebnis sollte der Kuchen noch „wabern und wackeln" wenn er aus dem Ofen kommt. Die Frischkäsemasse wird dann beim Abkühlen fester und bekommt eine cremige Konsistenz.

Nährwerte pro Portion (bei 12 Stücken):
165 kcal // Eiweiß: 9 g // Fett: 9,4 g // anzurechnende Kohlenhydrate: 9,8 g // Zucker: 1,4 g // Ballaststoffe: 0,7 g

Rezept

Marmorkuchen
OHNE MEHL

Ein Marmorkuchen ist ein einfacher Rührkuchen, der aromatischen Vanille- mit herben Schokoladenteig kreativ verbindet und so bei Groß und Klein gut ankommt. Bei unserem Marmorkuchen verzichten wir auf Mehl und verwenden ausschließlich gemahlene Nüsse und luftigen Eischnee, der den Gugelhupf besonders saftig und leicht zugleich macht. Damit der Teig sich gut lösen lässt, empfiehlt es sich bei diesem Rezept unbedingt eine Silikonform zum Backen zu verwenden.

Zubereitungszeit:
15 min Arbeit + 50 min Backzeit

Zutaten für eine Gugelhupf-Form:
80 g Xucker Basic/Premium
50 g Bio Butter
6 Bio Eier
250 g Bio Magerquark
1 Msp. Natron
1 Prise Salz
220 g gemahlenen Mandeln
4 EL Xucker Heiße Schokolade
Puderxucker zum Bestäuben

Den Ofen auf 170°C Ober- und Unterhitze vorheizen. Butter und Xucker schaumig schlagen. Die Eier trennen und die Eigelbe zu der Butter-Xucker-Mischung geben. Zusammen mit dem Quark in einer Schüssel cremig aufschlagen. Anschließend Natron und die gemahlenen Mandeln hinzugeben. Nun das Eiweiß mit einer Prise Salz steif schlagen und unter die Teigmasse heben.

Den Teig in zwei gleichgroße Hälften teilen und eine Hälfte mit dem Trinkschokoladen-Pulver anrühren. Nun den hellen Teig in eine Silikon-Gugelhupf-Form geben und den Schoko-Teig darüber gießen. Mit einer Gabel den Schokoteig leicht unter den hellen Teig heben.

Den Kuchen für 40 bis 50 Minuten backen. Unbedingt mit einem Holzspieß testen, ob der Kuchen auf allen Seiten gar ist. Den Gugelhupf noch etwas in der Form abkühlen lassen, bevor er auf ein Gitter gestürzt wird und komplett abkühlt. Erst dann mit Puderxucker bestreuen und anschneiden.

Tipp: Der Marmorkuchen kann mit Puderxucker bestäubt werden, schmeckt aber noch intensiver mit einer dünnen Schoko-Glasur. Dazu zwei Hände voll Xucker Schoko-Drops nach Wahl bei nicht mehr als 30°C über dem Wasserbad schmelzen. Die flüssige Schokolade mit einem Backpinsel großzügig auf dem Kuchen verteilen.

Nährwerte pro Portion (bei 16 Stücken):
170 kcal // Eiweiß: 7 g // Fett: 13 g // anzurechnende Kohlenhydrate: 4 g // Zucker: 1 g // Ballaststoffe: 3 g

rezept 18

Schwarzwälder Kirschtorte
OHNE MEHL

Wenn wir an eine typisch deutsche Torte denken, dann sofort an die Schwarzwälder Kirschtorte, die hierzulande seit den 30er Jahren bekannt ist. Woher der Name der Torte stammt, ist bislang ungeklärt. Zwar wurden Kirschen, Kirschwasser und Schlagsahne im Schwarzwald schon lange Zeit zu einem reichhaltigen Dessert zubereitet, doch könnte auch Farbe und Form des Bollenhuts, der zur Schwarzwälder Frauentracht gehört, zum Namen der Torte beigetragen haben. Unseren Biskuitboden backen wir mit gemahlenen Mandeln und entöltem Backkakao, so können wir komplett auf Mehl verzichten und sparen ein paar Kohlenhydrate ein.

Zubereitungszeit:

80 min Arbeit + 40 min Backzeit + 120 min Wartezeit

Zutaten für den Biskuitboden für eine 24 cm-Springform:

4 Bio Eier
100 g gemahlene Mandeln
40 g Backkakao
30 g Xucker Light
30 g Xucker Basic/Premium
1 geh. TL Backpulver
1 Prise Salz

Für die Kirschfüllung:

300 g gefrorene Kirschen oder
   entsteinte, frische Kirschen
300 ml Kirschdirektsaft
1 TL Guarkernmehl
1 Päckchen Agar-Agar
5 EL Xucker Light

Für die Kirschwassertränke:

20 ml Wasser
20 g Xucker Light
50 ml Kirschwasser   >>

Den Backofen auf 170°C Ober- und Unterhitze vorheizen. Für den Biskuitboden die Eier mit den beiden Xucker-Sorten und dem Salz maximal schaumig schlagen. Die trockenen Zutaten erst separat vermischen und dann unter die Eimasse heben. Die Teigmasse schnell in die Springform füllen und für etwa 35 Minuten backen. Zum Ende der Backzeit mit einem Holzstäbchen testen, ob der Boden vollständig durchgebacken ist. Klebt Teig daran, sollte der Boden für weitere 5 Minuten gebacken werden.

Den fertigen Tortenboden komplett auskühlen lassen, aus der Form lösen und für mindestens 30 Minuten in den Kühlschrank legen. So lässt er sich später besser schneiden.

In der Zwischenzeit kann die Kirschfüllung zubereitet werden. Dafür den Kirschsaft in einen Topf füllen und das Guarkernmehl und Agar-Agar unter ständigem Rühren über die Flüssigkeit sieben. Nun den Xucker mit einrühren und den Saft für ein paar Minuten ruhen lassen. So kann die Flüssigkeit schon etwas andicken. Jetzt die Kirschen dazugeben und den Topf unter ständigem Rühren langsam erhitzen. Die Kirschen sollten einmal kurz aufkochen. Den Topf vom Herd nehmen und abkühlen lassen.

Für die Kirschwassertränke das Wasser mit Xucker Light und dem Kirschwasser in einem kleinen Topf mischen und kurz aufkochen lassen.

Nun den erkalteten Kuchenboden aus dem Kühlschrank holen und längs in drei Kuchenböden teilen. Zum Schneiden eignet sich am besten ein Kuchenschneider oder ein langes Brotmesser.   >>

Rezept 18

Für die Sahnefüllung:

200 ml Bio Sahne
2 EL Xucker Basic/Premium
2 EL Xucker Light
5 TL Sahnesteif
1 Päckchen Agar-Agar

Für die Dekoration:

200 ml Bio Sahne
1 EL Xucker Basic/Premium
1 Päckchen Sahnesteif
12 frische Kirschen

Für die Sahnefüllung die Schlagsahne mit Sahnesteif und Xucker aufschlagen. Nun das Agar-Agar anhand der Packungsanweisung schmelzen und vorsichtig unter die Sahnecreme rühren.

Jetzt kann endlich geschichtet werden. Dafür den ersten Boden mit einem Tortenring umschließen, die Sahnefüllung in einen Spritzbeutel füllen und einen Ring auf den äußeren Rand des Biskuits spritzen. In die Mitte des Bodens etwas Kirschwassertränke pinseln und die Hälfte der Kirschfüllung darauf verteilen. Mit dem zweiten Boden wiederholen. Den dritten Boden auflegen und mit einer Schicht Sahnetopping abschließen. Die Torte für mindestens zwei Stunden in den Kühlschrank stellen. Für die Dekoration die Sahne mit dem Xucker und dem Sahnesteif aufschlagen. Den Tortenring lösen und die Torte mit Sahne garnieren. Nach Belieben dekorieren und noch einmal kaltstellen.

Tipp: Für die Schwarzwälder Kirschtorte ist es wichtig, dass alle Zutaten gut gekühlt sind, da die Sahne beim Zusammensetzen der einzelnen Schichten sonst zerlaufen würde. Wer zusätzlich etwas Kalorien einsparen möchte, kann einen Teil der Sahne durch Magerquark ersetzen.

Nährwerte pro Portion (bei 12 Stücken): 237 kcal // Eiweiß: 8 g // Fett: 16 g // anzurechnende Kohlenhydrate: 12 g // Zucker: 7 g // Ballaststoffe: 2,3 g

SAISONALE REZEPTE

Frühling, Sommer, Herbst und Winter erfreuen
uns mit Feierlichkeiten und besonderen Zutaten,
auf die wir uns jedes Jahr von Neuem freuen.

saisonal backen

ALLES ZU SEINER ZEIT

Auf einige Kuchen freuen wir uns ein ganzes Jahr, weil sie nur dann ihre Zeit haben. Auf den nächsten Seiten haben wir uns solchen Rezepten gewidmet.

Wir starten ins Frühjahr mit einer festlichen Valentinstags- und Oster-Torte und genießen bereits im Juni den ersten Rhabarber.

Den ganzen Sommer über freuen wir uns auf die Zwetschgen und können es kaum erwarten unseren Streuselkuchen damit zu belegen. Beeren in Hülle und Fülle verleihen auch unserer Pavlova die richtige Sommerfrische - und wenn dann die ersten heimischen Kürbisse geerntet werden, geht es wieder in die Küche, um unser leckeres Kürbiskuchenrezept zu backen.

Im Winter darf ein Apfelstrudel nicht fehlen und die Weihnachtszeit versüßen wir uns mit Plätzchen und Stollen.

I
FRÜHLINGS REZEPTE

Rezept 19

Red Velvet Cake
MIT CREAM CHEESE FROSTING

Red Velvet Cake macht seinem Namen alle Ehre. Durch Zugabe roter Lebensmittelfarbe erstrahlt der „rote Samtkuchen" in einem kräftigen Rot und wird durch die Reaktion von Essig, Natron und Backpulver wunderbar luftig und locker, wobei er durch das Kakaopulver seine Saftigkeit nicht verliert. In den USA erobert er bereits seit den 20er Jahren die Herzen aller Kuchenliebhaber und wird aufgrund seiner Färbung besonders zum Valentinstag gebacken. Er ist der perfekte Kuchen um dem oder der Liebsten eine samtweiche Freude zu bereiten.

Zubereitungszeit:
25 min Arbeit + 40 min Backzeit

Zutaten für eine 24 cm Springform:
120 g weiche Bio Butter
3 Bio Eier
280 g Xucker Basic/Premium
120 ml Sonnenblumenöl
¼ TL Salz
2 TL Apfelessig
250 ml Bio Buttermilch
300 g Dinkelmehl 1050
20 g Backkakao
1 TL Natron
2 TL Backpulver
Rote Lebensmittelfarbe, backstabil
 und in Pulverform

Frosting:
250 g weiche Bio Butter
400 g zimmerwarmer Bio Frischkäse
140 g Puderxucker

Den Backofen auf 180°C Umluft vorheizen. Die weiche Butter, das Öl und den Xucker zu einer cremigen Masse verrühren. Dann die Eier nach und nach unterrühren, bis eine puddingartige Konsistenz erreicht ist.

Buttermilch und Essig einrühren und die trockenen Zutaten Mehl, Backkakao, Lebensmittelfarbe, Backpulver, Natron und Salz vermischen und über die Eimasse sieben. In eine leicht gefettete oder mit Backpapier ausgelegte Springform füllen und für 40 Minuten in den Backofen geben. Mit der Stäbchenprobe sicherstellen, dass der Kuchen durchgebacken ist.

Den Kuchen komplett auskühlen lassen, bevor das Frosting angerührt und auf den Kuchen gegeben werden kann. Hierfür die Butter maximal schaumig aufschlagen und den Frischkäse und Puderxucker nach und nach unterrühren, bis eine homogene Creme entsteht.

Den Boden in zwei Lagen teilen, mit der Hälfte der Creme füllen und das restliche Frosting mit einem Spritzbeutel auf den Kuchen geben. Nun kann nach Belieben mit roten Früchten garniert werden.

Nährwerte pro Portion (bei 16 Stücken):
467 kcal // Eiweiß: 7,6 g // Fett: 35 g //
anzurechnende Kohlenhydrate: 25 g //
Zucker: 1,8 g // Ballaststoffe: 1,9 g

Rezept 20

Ostertorte
MIT BUTTERCREME

Eine Ostertorte mit Pudding- und Buttercreme hat in vielen Familien Tradition. Zu Recht, denn die gehaltvolle Torte ist eine wahre Gaumenfreude. Wir haben in unserem Rezept versucht, die Torte an Kalorien etwas zu entschärfen, gegen das Fett in der Butter sind wir jedoch wehrlos. An Ostern geben wir uns aber gerne geschlagen.

Zubereitungszeit:

90 min Arbeit + 30 min Backzeit
+ 90 min Wartezeit

**Zutaten für den Teig
für eine 20 cm Springform:**

4 Bio Eier
Mark einer Vanilleschote
150 g Xucker Basic/Premium
1 Prise Salz
60 g Dinkelvollkornmehl
60 g gemahlene Mandeln
½ Päckchen Backpulver

**Für die Puddingcreme-
Füllung:**

150 g weiche Bio Butter
50 g ganze Mandeln
3 EL Xucker Bronxe
125 ml Bio Milch
25 ml Bio Schlagsahne
½ TL Guarkernmehl
Mark einer halben Vanilleschote
25 g Xucker Light
½ Päckchen Agar-Agar
1 Bio Eigelb

Für die Buttercreme:

150 g weiche Bio Butter
60 g Puderxucker
50 g Mandelblättchen zum Dekorieren

Zunächst den Pudding für die Puddingcreme-Füllung vorbereiten. Dazu Guarkernmehl unter ständigem Rühren in die Milch sieben und die Masse ca. 15 Minuten lang ruhen lassen. Die Milch dickt in dieser Zeit etwas an. Xucker sowie das Vanillemark unterrühren. Das Agar-Agar ebenfalls in die Milch geben und gut vermengen. Das Eigelb anschließend gut unterrühren. Die Vanillesahne nun langsam bei mittlerer Hitze erwärmen, dabei stets weiter rühren. Die Masse sollte kurz aufkochen. Den Pudding anschließend in eine Schale füllen und vollständig abkühlen lassen.

Den Ofen auf 180°C Ober- und Unterhitze vorheizen. Für den Biskuitboden die Eier trennen und das Eiweiß mit dem Xucker, dem Vanillemark und dem Salz steifschlagen. Die Eigelbe in einer anderen Schüssel verquirlen und ein bisschen von dem steifen Eiweiß unterrühren. Die Masse erst jetzt unter den Eischnee heben.

Separat Mehl, gemahlene Mandeln und Backpulver vermengen und portionsweise über die Eimasse sieben – die trockene Mischung jedes Mal vorsichtig unterheben, damit so wenig Luft wie möglich aus dem Eischnee verloren geht. Den Teig anschließend in eine mit Backpapier ausgelegte Springform füllen und für 30 Minuten backen. Nach der Backzeit den Boden ein paar Minuten in der Form auskühlen lassen. Nun den Boden auf ein Gitter stürzen, sodass Unebenheiten, die durchs Backen entstanden sind, ausgeglichen werden können. Den Boden komplett, für mindestens eine Stunde, im Kühlschrank auskühlen lassen, damit er sich besser schneiden lässt und die Buttercreme nicht ausflockt.

Für die Füllung in der Zwischenzeit gebrannte Mandeln herstellen. Dafür eine Pfanne bei mittlerer Hitze erwärmen und Xucker Bronxe hineingeben, langsam schmelzen lassen und die Mandeln anschließend zu dem flüssigen Xucker geben. Die Mandeln schwenken bis alle mit Xucker Bronxe benetzt sind. Bei Bedarf weiteren Xucker Bronxe dazugeben. Die Mandeln auf einem Backpapier verteilen und vollständig abkühlen lassen. >>

Rezept 20

Für die Puddingcreme-Füllung, die Butter mit dem Handmixer maximal schaumig schlagen. Dabei verdoppelt sich das Volumen und die Butter wird schön hell. Nun den Pudding noch einmal cremig rühren. Umso glatter er gerührt ist, desto schöner wird die Buttercreme. Es ist wichtig, dass beide Zutaten die gleiche Temperatur haben, damit sie sich verbinden. Den Pudding unter ständigem Rühren löffelweise unter die Butter heben. Wenn die Buttercreme schön glatt ist, die gebrannten Mandeln hacken und unterheben.

Nun den Boden mit einem Tortenschneider oder langem Brotmesser zweimal längs durchschneiden, sodass drei Bodenplatten mit gleicher Dicke entstehen. Den ersten Boden mit der Hälfte der Buttercreme bestreichen, den zweiten Boden auflegen und die restliche Buttercreme darauf verteilen. Mit dem letzten Boden abschließen und die nackte Torte für etwa eine halbe Stunde in den Kühlschrank stellen.

In der Zwischenzeit die zweite Buttercreme vorbereiten. Hierfür die Butter wieder maximal schaumig aufschlagen und dann den Puderxucker nach und nach einrieseln lassen und unterrühren. Die Torte rundherum damit bestreichen und wieder kaltstellen.

Dekovorschlag:

Die Ostertorte vor dem Servieren mit in Xucker Bronxe kandierten, Mandeln und frischen Früchten dekorieren.

Nährwerte pro Portion (bei 12 Stücken): 342 kcal // Eiweiß: 5,4 g // Fett: 30 g // anzurechnende Kohlenhydrate: 12 g // Zucker: <1 g // Ballaststoffe: 2 g

Rezept 21

Rhabarberkuchen
MIT MANDELMEHL

Der Rhabarber kam erst im 18. Jahrhundert von Asien nach Europa. Heute ist er aus unserer Küche nicht mehr wegzudenken und wird jedes Jahr fleißig zu Kompott, Kaltschalen und Kuchen verarbeitet. Auch wir wollen nicht auf Rhabarber verzichten, schon gar nicht auf diesen saftigen Kuchen mit knusprig-leichter Baiserhaube.

Zubereitungszeit:
30 min Arbeit + 45 min Backzeit

Zutaten für den Teig für eine 18 cm Springform:

50 g Bio Butter
60 g Xucker Basic/Premium
Mark einer Vanilleschote
2 Bio Eigelb
2 Bio Eier
100 g Bio Magerquark
100 g gemahlene Mandeln
30 g Mandelmehl
½ Päckchen Backpulver
1 Schuss Rosenwasser

Für die Füllung:

3 lange Stangen Rhabarber
2 TL Xucker Fruchtaufstrich Erdbeere

Für die Baiser-Haube:

2 Bio Eiweiß
3 EL Puderxucker
1 El Xucker Basic/Premium
1 Msp. Backpulver

Nährwerte pro Portion (bei 12 Stücken): 151 kcal // Eiweiß: 6,3 g // Fett: 10 g // anzurechnende Kohlenhydrate: 6,8 g // Zucker: 3 g // Ballaststoffe: 3 g

Den Backofen auf 170°C Umluft vorheizen. Den Rhabarber schälen und in etwa 1 cm breite Stücke schneiden. In einer Schüssel mit der Marmelade vermengen. Butter, Xucker und Vanillemark cremig schlagen und den Magerquark unterheben. Nach und nach die Eigelbe und die ganzen Eier dazugeben und weiterrühren. Das Eiweiß kaltstellen.

Die gemahlenen Mandeln, das Mandelmehl und das Backpulver vermischen und unter die Butter-Eimasse rühren. Ein Schuss Rosenwasser dazugeben und alles zu einem glatten Teig verrühren. Den Teig nun in eine gefettete Springform geben, den Rhabarber darauf verteilen. Den Kuchen für 25 Minuten backen.

Etwa 5 Minuten vor Ende der Backzeit kann das Eiweiß mit Puderxucker, Xucker und Backpulver steifgeschlagen werden bis es standfest ist und glänzt. Nun den Backofen auf Ober- und Unterhitze umschalten, den Baiser auf dem Kuchen verteilen und noch einmal für 20 Minuten fertig backen.
Im ausgeschalteten, offenen Ofen auskühlen lassen.

Tipp: Erdbeeren passen perfekt zu Rhabarber. Für mehr Erdbeer-Aroma kann der Gehalt an Xucker Fruchtaufstrich Erdbeere auf 50 g erhöht werden.

SOMMER REZEPTE

II

rezept 22

Pavlova

MIT FRISCHEN FRÜCHTEN

Eine Pavlova ist ein knuspriger, doch im Inneren noch weicher Baiser-Boden, der mit einer Creme garniert und wahlweise mit süßen Früchten belegt wird. Der außergewöhnliche Kuchen hat eine ganz besondere Geschichte. Das Gebäck wurde für eine einzelne Person kreiert: Anna Pawlowa. In den 20er Jahren besuchte die russische Ballett-Tänzerin für Gastauftritte Australien. Unter der heißen Sonne Down Unders verging ihr jedoch der Appetit und sie wünschte sich eine leichte, süße Backware. So wurde ihr dieses proteinreiche und erfrischende Gebäck gewidmet, dass noch heute besonders in den heißen Sommermonaten schmeckt.

Zubereitungszeit:

10 min Arbeit + 40 min Backzeit

Zutaten für 6 Nester Pavlova:

2 Bio Eiweiß
4 gehäufte EL Puderxucker
2 EL Xucker Basic/Premium
½ TL Backpulver
100 ml Bio Schlagsahne
100 g frische Früchte
etwas Öl für das Backpapier

Den Ofen auf 130°C Ober- und Unterhitze vorheizen. Beide Xucker und das Backpulver in einer Schüssel vermischen. Das Eiweiß in einer separaten Schüssel anschlagen und die Xuckermischung langsam einrieseln lassen. Nun das Eiweiß so lange weiterschlagen bis der Xucker sich komplett aufgelöst hat und der Eischnee fest und sehr glänzend ist.

Den Eischnee anschließend in einen Spritzbeutel mit großer Tülle füllen und entweder 6 kleine oder 2 große Baisernester auf ein mit Öl eingestrichenem Backpapier spritzen. Das Baiser für etwa 40 Minuten in den Ofen geben und darauf achten, dass das Baiser leicht Farbe bekommt. Den Ofen dann ausschalten und das Baiser im leicht geöffneten Ofen komplett auskühlen lassen.

In der Zwischenzeit die Schlagsahne mit einem Handmixer aufschlagen und nach Belieben mit etwas Xucker süßen. Die Früchte bei Bedarf in mundgerechte Stücke schneiden. Die Baisers mit der Schlagsahne und den Früchten belegen.

Tipp: Anstelle der Schlagsahne können auch andere Cremes wie gesüßter Quark oder Joghurt sowie pürierte Früchte verwendet werden, um die Pavlova zu verfeinern.

Nährwerte pro Portion (bei 6 Stücken):
73 kcal // Eiweiß: 1,9 g // Fett: 3,7 g //
anzurechnende Kohlenhydrate: 5,6 g //
Zucker: 4,5 g // Ballaststoffe: 2 g

Rezept 23

Eistorte
FÜRST-PÜCKLER-ART

Fürst-Pückler-Eis kombiniert die beliebtesten Eissorten: Schokolade, Erdbeere und Vanille. Das war allerdings nicht immer so. Lange Zeit wurde das Vanilleeis durch eine mit Kirschwasser aromatisierte Makronenschicht ersetzt. Warum verzichten, wenn doch beides möglich ist?! Unsere Eistorte besteht deshalb aus einem luftigen Makronenboden, der mit Kirschwasser beträufelt und anschließend mit cremigem Erdbeer-, Schokoladen- und Vanilleeis bedeckt wird. Die Eisschichten sind getrennt durch eine dünne Schicht Fruchtaufstrich. Eine erfrischende Kombination für heiße Sommertage.

Zubereitungszeit:

60 min Arbeit + 30 min Backzeit
+ 6-10 h Wartezeit

Zutaten für eine kleine Springform für den Makronenboden:

4 Bio Eiweiß
1 TL Zitronensaft
100 g Xucker Basic/Premium
80 g Dinkelvollkornmehl
60 g gemahlene Mandeln
40 g flüssige Bio Butter
4 cl Kirschwasser

Für die Eisschichten:

750 g Bio Mascarpone
600 ml Bio Sahne
200 g gefrorene Erdbeeren
150 g Xucker Schoko-Drops
Mark einer Vanilleschote
3 Bio Eigelb
260 g Xucker Premium/Basic
300 g Xucker Fruchtaufstrich
  Himbeere

Nährwerte pro Portion (bei 16 Stücken): 529 kcal // Eiweiß: 10,8 g // Fett: 43,5 g // anzurechnende Kohlenhydrate: 25,2 g // Zucker: 6,5 g // Ballaststoffe: 1,6 g

Den Ofen auf 200°C Ober- und Unterhitze vorheizen. Die Eiweiße mit dem Zitronensaft steif schlagen. Den Xucker vorsichtig einrieseln lassen und weiterschlagen. Anschließend die Mandeln, das Mehl und die Butter vorsichtig unterheben. Die Kuchenform mit Butter bestreichen, den Teig einfüllen und für 30 Minuten backen. Den Boden vollständig abkühlen lassen, mit dem Kirschwasser beträufeln und mit 100 g Fruchtaufstrich bestreichen.

Für das Schokoeis 200 ml Sahne einmal aufkochen und vom Herd ziehen. Etwa 60 g Xucker und die Schoko-Drops darin schmelzen. Die Schoko-Sahne im Kühlschrank vollständig abkühlen lassen. Die kalte Schokosahne mit dem Handrührgerät aufschlagen und mit 250 g Mascarpone verrühren.

Für das Vanilleeis 200 ml Sahne mit dem Vanillemark kurz aufkochen lassen. In einer Schüssel die Eigelbe und 100 g Xucker cremig aufschlagen. Die noch heiße Vanillesahne langsam zufließen lassen, dabei weiter rühren. Die Vanillesahne im Kühlschrank komplett erkalten lassen. Schließlich 250 g Mascarpone unterrühren.

Für das Erdbeereis die angetauten Erdbeeren mit 100 g Xucker pürieren und unter 250 g Mascarpone ziehen. Anschließend 200 ml Sahne mit einem Handrührgerät steifschlagen und vorsichtig unter die Erdbeer-Creme heben.

Das flüssige Erdbeereis auf dem Makronen-Boden verteilen und für 1-2 Stunden ins Gefrierfach stellen. Nun vorsichtig eine Schicht Fruchtaufstrich auf das Erdbeereis streichen, die Vanillezubereitung darauf geben und den Kuchen wieder für 1-2 Stunden zurück ins Gefrierfach stellen. Eine Schicht Marmelade auf das Vanilleeis streichen und das Schokoeis darauf verteilen. Nun kann die Torte final für mindestens 4 Stunden, besser aber über Nacht, im Gefrierfach erstarren.

Tipp: Die Torte lässt sich am besten mit einem Messer schneiden, das zuvor unter heißem Wasser abgespült wurde.

Rezept 24

Streuselkuchen
MIT ZWETSCHGEN

Der Streuselkuchen gehörte bereits im 19. Jahrhundert zu den am häufigsten daheim gebackenen Kuchen Schlesiens und Preußens. Er passt wie kein anderer Kuchen zu den heimischen Früchten aus deutschen Gärten: Pflaumen, Äpfel, Kirschen, Rhabarber oder auch Aprikosen sind mit der leichten Fruchtsäure und dem vollmundigen Aroma eine perfekte Ergänzung zum süßen Teig. In unserem Rezept verwenden wir Vollkornmehl, das ein nussiges Aroma mit sich bringt und gut zu Zwetschgen passt.

Zubereitungszeit:
25 min Arbeit + 90 min Wartezeit + 30 min Backzeit

Zutaten für ein Blech Hefeteig:
500 g Dinkelvollkornmehl
1 Würfel frische Backhefe
200 ml lauwarme Bio Milch
100 g weiche Bio Butter
80 g Xucker Basic/Premium
2 Bio Eier
1 Prise Salz

Für das Topping:
1-1,3 kg Zwetschgen oder Pflaumen, entsteint, halbiert oder geviertelt
2 TL Zimt
2 El Xucker Bronxe

Für die Streusel:
250 g Dinkelmehl 1050
150 g Xucker Basic/Premium
150 g Xucker Bronxe
200 g weiche Bio Butter

Die lauwarme Milch mit Xucker und Hefe mischen und kurz gehen lassen. Das Mehl in eine Schüssel sieben, Butter, Salz und Eier dazugeben und im Anschluss die Hefe-Xucker-Milchmischung untermengen. Den Teig zu einer Kugel kneten. Falls der Teig zu klebrig ist, weiteres Mehl hinzufügen. Den Teig an einem warmen Ort für etwa 60 Minuten gehen lassen, bis er sich verdoppelt hat. Den Hefeteig auf einem Backblech ausrollen und noch einmal 20-30 Minuten gehen lassen.

Den Backofen auf 220°C Ober- und Unterhitze vorheizen. Für die Streusel das Dinkelmehl, beide Xucker-Sorten und die Butter miteinander vermengen bis ein feuchter Teig entsteht. Den Streuselteig kurz kaltstellen. Die Zwetschgen mit Zimt und Xucker Bronxe mischen und auf dem Hefeteig verteilen und die Streusel auf den Zwetschgen drapieren. Den Kuchen für ca. 30 Minuten goldbraun backen.

Nährwerte pro Portion (bei 24 Stücken): 280 kcal // Eiweiß: 5,3 g // Fett: 13,6 g // anzurechnende Kohlenhydrate: 32 g // Zucker: 5,7 g // Ballaststoffe: 3 g

HERBST REZEPTE

Rezept 25

Gewürzkuchen
MIT DINKELVOLLKORNMEHL

Der Gewürzkuchen hat eine lange Geschichte. Mit der Einführung von Backtriebmittel konnte flacher Lebkuchenteig zu einem luftigen Kuchen weiterverarbeitet werden. Seit dem 14. Jahrhundert wird Gewürzkuchen nun schon gebacken. Da zur Herstellung dieses aromatischen Gebäcks eine Fülle an orientalischen Gewürzen benötigt wird, war er zunächst vor allem in Städten zu finden, die Handelsknotenpunkte für Gewürze waren. Darunter zählen Köln, Ulm, Augsburg, Nürnberg und Basel. Hier wurde der Gewürzkuchen nicht nur in der Weihnachtszeit, sondern über das ganze Jahr hinweg gebacken. Er darf in der herbstlich inspirierten Backstube nicht fehlen. Wir backen unseren Gewürzkuchen mit Vollkornmehl, weshalb er ein besonders vollmundiges Aroma bekommt.

Zubereitungszeit:
15 min Arbeit + 45 min Backzeit

Zutaten für eine Gugelhupf-Form:

200 g weiche Bio Butter
200 g Xucker Basic/Premium
Mark einer halben Vanilleschote
4 Bio Eier
300 g Dinkelvollkornmehl
40 g Backkakao
1 Päckchen Backpulver
150 ml Bio Milch
1 Prise Salz
1 Tüte Lebkuchengewürz

Den Ofen auf 170°C Umluft vorheizen. Die Butter mit dem Xucker, Vanillemark und Salz cremig aufschlagen. Nun die Eier einzeln unterrühren. Die Milch hinzugeben und alles gut durchrühren.

Das Mehl mit Backkakao, Backpulver und dem Lebkuchengewürz vermischen und unter den Teig heben. Die Gugelhupf-Form gut ausbuttern und bemehlen. Den Teig in die Form geben und den Kuchen für etwa 45 Minuten backen, vollständig auskühlen lassen und stürzen. Den Kuchen dabei vorsichtig aus der Form holen.

Tipp: Der Gewürzkuchen ist besonders lange saftig, wenn er eine Schicht Schokolade als Haube erhält. Dazu ca. 75 g Xucker Schoko-Drops Edelbitter im Wasserbad bei mittlerer Hitze schmelzen und die flüssige Schokolade über den abgekühlten Kuchen verteilen. Der Kuchen kann nach Belieben verziert werden. Wir finden die Kombination mit gesalzenen Makadamianüssen besonders lecker.

Nährwerte pro Portion (bei 20 Stücken):
189 kcal // Eiweiß: 4,3 g // Fett: 10 g // anzurechnende Kohlenhydrate: 18 g // Zucker: 0,7 g // Ballaststoffe: 2,3 g

Rezept

26

Türkischer Mohnkuchen
MIT JOGHURT

Im Sommer erfreuen wir uns an roten Mohnfeldern. Im Herbst stecken die Mohnsamen voll guter Fette und Eiweiß und überzeugen mit ihrem besonderen, leicht herben Aroma. Mohnkuchen gibt es in vielen Variationen und aus unterschiedlichen Regionen der Erde. Der Türkische Mohnkuchen ist besonders saftig, da Joghurt im Teig enthalten ist und der Blechkuchen noch warm mit einem Xucker-Sirup beträufelt wird. Das Beste: Als Maßeinheit verwenden wir für dem Türkischen Mohnkuchen einfach nur ein Trinkglas.

Zubereitungszeit:
20 min Arbeit + 60 min Backzeit

Zutaten für ein Backblech (20 Portionen):

6 Bio Eier
1 ½ Gläser festen Türkischen Joghurt
2 EL natives Rapsöl
1 Glas Milch nach Wahl
1 ½ Gläser Xucker Basic/Premium
1 Päckchen Backpulver
Mark einer Vanilleschote
½ Glas Mohn
Dinkelmehl 1050

Xucker-Sirup:

¾ Glas Xucker Basic/Premium
Saft einer Zitrone
1 Glas Wasser

Den Ofen auf 150 Grad Ober- und Unterhitze vorheizen. Zunächst Eier, Rapsöl, Naturjoghurt und Milch homogen miteinander verrühren. Anschließend Xucker, Backpulver, Vanillemark nacheinander einrühren und den Mohn unterheben. Nun wird das Mehl nach und nach zu der Teigmasse gegeben. Eine genaue Mengenangabe hierzu gibt es nicht. Der Teig sollte am Ende zähflüssig wie bei einem rohen Muffinteig sein. Dann ist er perfekt.

Nun wandert der Teig auf das gefettete Backblech und dieses für 60 Minuten in den Ofen. Während der Kuchen backt, wird aus einem Glas Wasser, einem ¾ Glas Xucker Basic/Premium und dem Saft einer Zitrone ein Xucker-Sirup angerührt. Das Gemisch so lange aufkochen, bis alle Xucker-Kristalle aufgelöst sind. Den Sirup im Kühlschrank abkühlen lassen.

Ist der Kuchen goldbraun, wird er herausgenommen und sofort in quadratische Stücke geschnitten. Der abgekühlte Xucker-Sirup wird nun über den Kuchen verteilt und sollte dabei in alle Öffnungen des Kuchens einziehen. Den Türkischen Mohnkuchen über Nacht im Kühlschrank ruhen lassen, bevor er serviert wird.

Tipp: Der Türkische Mohnkuchen kann mit Xuckerguss angerichtet werden. Wer es weniger süß mag, kann eine Creme aus 250 g Quark, 100 g Türkischen Joghurt, einer Messerspitze Vanillemark und 3 EL Puderxucker anrühren und über den Kuchen verteilen. Kokosflocken runden das Topping für den Türkischen Mohnkuchen geschmacklich ab.

Nährwerte pro Portion (bei 20 Stücken):
137 kcal // Eiweiß: 3,8 g // Fett: 8,6 g // anzurechnende Kohlenhydrate: 12,5 g // Zucker: 1,5 g // Ballaststoffe: 2 g

Rezept 27

Kürbiskuchen
MIT MANDELMEHL

Im Herbst haben Kürbisse Hochsaison und werden in unseren Haushalten meist herzhaft zu Suppen oder Aufläufen verarbeitet. Es geht aber auch anders! Besonders in den USA verwandeln sich Kürbisse nicht nur in angsteinflößende Halloween-Fratzen, sondern auch in süße Backwaren: Das Gemüse wird zu lieblichen Pasteten, Keksen und Kuchen verarbeitet. Wir haben uns für ein saftiges Kürbiskuchenrezept mit Suchtfaktor entschieden: Das Frosting aus Frischkäse und Sahne lockert das schwere Aroma des Kürbisses wunderbar auf. Abgerundet wird der Kuchen durch in Xucker Bronxe karamellisierte Kerne und Berberitzen.

Zubereitungszeit:
40 min Arbeit + 30 min Backzeit

Zutaten für eine 20 cm Springform für den Boden:

150 g Kürbis, entkernt
50 g Xucker Basic/Premium
30 g Puderxucker
60 g Mandelmehl
1 TL Natron
40 g Kokosöl
4 Bio Eier
Mark einer Vanilleschote
½ TL Zimt
¼ TL Kardamom
1 Prise Salz

Frosting:

100 g Bio Sahne
300 g Bio Frischkäse oder
  Magerquark
Saft einer halben Zitrone
40 g Xucker Basic/Premium
20 g Puderxucker

Knusper-Topping:

40 g Cashewkerne
25 g Kürbiskerne
3 EL Xucker Bronxe
10 g getrocknete Berberitzen

Den Ofen auf 180°C Ober- und Unterhitze vorheizen. Die Eier trennen und das Eiweiß mit dem Salz steifschlagen. Den Kürbis in einer Küchenmaschine zerkleinern oder mithilfe einer Reibe raspeln und in eine Rührschüssel geben. Kokosöl, Eigelbe, Xucker, Puderxucker und Gewürze hineingeben und gut verrühren, Mandelmehl und Natron vermischen und unter den Teig mengen. Den Eischnee unterheben und den Teig sofort in eine 20 cm Springform geben, damit er möglichst luftig bleibt. Für 30 Minuten im Ofen backen.

Den fertigen Boden gut auskühlen lassen, bevor die Frischkäse-Creme aufgetragen wird. Sobald der Kuchen erkaltet ist, die Sahne aufschlagen, den Frischkäse mit Xucker, Puderxucker und Zitronensaft cremig rühren und unter die Sahne heben. Sofort auf den Kuchen geben und kaltstellen.

In der Zwischenzeit kann das Knusper-Topping vorbereitet werden. Dafür die Cashewkerne hacken und mit den Kürbiskernen mischen. Xucker Bronxe in einer beschichteten Pfanne bei mittlerer Hitze schmelzen und die Kerne hinzugeben. Die Kerne im flüssigen Xucker Bronxe schwenken bis sie benetzt sind. Auf ein Backpapier geben und vollständig auskühlen lassen. Die karamellisierten Kerne mit den Berberitzen mischen und auf den Kuchen geben.

Nährwerte pro Portion (bei 8 Stücken):
262 kcal // Eiweiß: 13 g // Fett: 11 g //
anzurechnende Kohlenhydrate: 23 g //
Zucker: 13 g // Ballaststoffe: 5 g

IV

WINTER REZEPTE

Rezept

Butterplätzchen
MIT MANDELMEHL

Kekse sind das süße Knabbergebäck schlechthin, allem voran der klassische Ausstech-Keks. Noch vor wenigen Jahren wurde dem deutschen Butterkeks Schlechtes prophezeit: Amerikanische Cookies würden ihn langsam aus den Supermarktregalen und Backbüchern vertreiben. Die Verbundenheit des Deutschen zu seinem Butterkeks zeigt sich aber spätestens in der Weihnachtszeit, wenn das Nudelholz eifrig Mürbeteige rollt und Ausstechformen mit Freunden getauscht werden. Kreativ geht es auch bei der Gestaltung zu. Die Plätzchen werden je nach Geschmack und Region unterschiedlich geformt, dekoriert oder sogar gefüllt. Neben einem einfachen Xuckerguss können die Plätzchen auch mit flüssiger Schokolade, gehackten Nüssen oder Kokosraspeln verziert werden.

Zubereitungszeit:
20 min Arbeit + 15 min Backzeit

Zutaten:
90 g Mandelmehl
100 g Bio Butter, in Würfel geschnitten
30 g Xucker Basic/Premium
1 Prise Salz
Mark einer halben Vanilleschote

Mandelmehl, Xucker und Salz in einer Schüssel mischen, die Butter und das Vanillemark dazugeben. Mit den Händen alles gut durchkneten. Den fertigen Teig zu einer Kugel formen und für mindestens eine Stunde kaltstellen.

Anschließend den Ofen auf 180°C Umluft vorheizen. Den Teig auf einer bemehlten Arbeitsplatte mit einem Nudelholz ausrollen. Darauf achten, dass er nicht zu dünn wird und immer wieder beide Seiten etwas bemehlen, damit der Teig nicht an der Oberfläche und am Nudelholz festklebt. Den Teig mit Ausstechformen ausstechen und die Plätzchen auf ein mit Backpapier ausgelegtes Backblech legen. Immer etwas Platz zwischen den Plätzchen lassen, da sie beim Backen ein bisschen auseinander gehen. Für 8-10 Minuten auf mittlerer Schiene backen. Die Kekse sind direkt nach dem Backen noch sehr weich. Deswegen sollten sie zuerst eine Weile auf dem Backblech auskühlen dürfen, bevor sie auf ein Gitter gelegt und dekoriert werden.

Tipp: Die Butterkekse können nach dem Abkühlen mit flüssiger Schokolade oder Xuckerguss verziert werden. Dafür einen Schuss Milch oder Zitronensaft mit 2-3 EL Puderxucker anrühren, bis eine dickflüssige Konsistenz entsteht.

Nährwerte pro Keks (bei 25 Stück):
46 kcal // Eiweiß: 1,4 g // Fett: 3,6 g // anzurechnende Kohlenhydrate: 0,8 g // Zucker: 0 g // Ballaststoffe: 0,8 g

Rezept 29

Warmer Apfelstrudel
MIT VANILLESAUCE

Der Apfelstrudel ist eine der bekanntesten und wohl auch beliebtesten Backwaren Österreichs. Die süße Teigrolle besteht aus einem dünnen Strudelteig, der eine Füllung aus säuerlichen Äpfeln, aromatischen Rosinen, Zimt und in Butter ausgebackenen Semmelbröseln umschließt. Der Erfolg eines jeden Apfelstrudels liegt auch in der meisterhaften Weise wie der Strudelteig hergestellt wird, ein guter Apfelstrudel ist aber vor allem von der richtigen Wahl der Äpfel abhängig. Sie sollten nicht zu süß sein, um einen geschmacklichen Kontrast zur restlichen Strudelfüllung zu bieten. In Österreich werden die geeigneten Apfelsorten deshalb auch „Strudler" genannt. Sie umfassen Sorten wie Boskoop, Jonagold, Cox Orange oder Elstar. Ein Apfelstrudel wird traditionell warm gereicht und kann mit Puderxucker bestäubt oder mit einer guten Kugel Vanilleeis serviert werden. Wir haben unser Apfelstrudel-Rezept um eine Vanillesauce ergänzt.

Zubereitungszeit:
60 min Arbeit + 35 min Backzeit

Zutaten
für den Apfelstrudel:
80 g Bio Butter
150 g Dinkelmehl 1050
100 g Dinkelvollkornmehl
2 Bio Eigelb
125 ml lauwarmes Wasser
100 g gehackte Mandeln
1 kg saure Äpfel, z.B. Boskoop
1 unbehandelte Zitrone
80 g Xucker Basic/Premium
100 g Rosinen
½ TL Zimt
50 g Vollkorn-Paniermehl
1 Prise Salz

Für die Vanillesauce:
200 ml Bio Sahne
200 ml Bio Milch
Mark einer Vanilleschote
2 EL Xucker Basic/Premium
3 Bio Eigelb

Für den Apfelstrudel-Teig die Butter bei geringer Hitze in einem kleinen Topf oder in der Mikrowelle schmelzen. Anschließend das Dinkel- und Dinkelvollkornmehl mit den Eigelben, Salz und 2 EL der geschmolzenen Butter vermengen. Das Wasser vorsichtig zu den Zutaten geben und alles gut kneten bis ein geschmeidiger, glatter Teig entsteht. Den Teig nun zu einer Kugel formen, mit etwas Butter bestreichen und abgedeckt für eine halbe Stunde im Kühlschrank ruhen lassen.

In der Zwischenzeit kann die Strudelfüllung zubereitet werden. Dafür die Schale der Zitrone abreiben und den Saft der halben Zitrone auspressen. Zitronenabrieb und -saft werden mit Xucker Basic/Premium und Zimt in einer kleinen Schale verrührt. Nun alle Äpfel schälen, entkernen und in kleine Stücke schneiden. Die Zitronen-Xucker-Mischung über die Äpfel gießen und diese gleichmäßig damit befeuchten. Die Zitrone sorgt hier nicht nur für Geschmack, sie verhindert auch, dass sich braune Stellen am Apfel bilden.

Anschließend die Mandeln rösten. Dazu die gehackten Mandeln in eine ungefettete Pfanne geben und bei schwacher Hitze goldbraun braten. Die Mandeln immer wieder schwenken oder mit einem Holzlöffel umrühren, sodass sich alle Stellen gleichmäßig färben. Nun mit den Rosinen zu den kleingeschnittenen Äpfeln geben und vermengen.

Den Ofen auf 200°C Umluft vorheizen. Der Apfelstrudel-Teig sollte nun schön elastisch sein und sich gut ausrollen lassen. Die Arbeitsplatte mit Mehl bestäuben und den Teig schrittweise zu einem Rechteck ausrollen. Dafür den Teig immer wieder wenden und mit Mehl bestäuben. Sobald der Teig etwa 30 x 40 cm groß ist, ihn auf ein bemehltes Küchentuch heben. >>

Rezept 29

Den Teig weiter ausrollen, bis er die Größe des Küchentuchs erreicht hat. Wenn die Ränder zu dick sind, kann etwas Teig weggeschnitten werden.

Den ausgerollten Teig mit geschmolzener Butter bestreichen und rundum etwa einen 4 cm breiten Rand lassen. Anschließend das Paniermehl auf etwa ⅔ des Teiges verteilen und darauf die Apfelmischung geben. Die Seiten einklappen und den Strudel mithilfe des Küchentuchs von der belegten Seite aus einrollen. Den Strudel auf ein mit Backpapier ausgelegtes Blech legen und mit der restlichen Butter bestreichen. Für etwa 35 Minuten goldbraun backen.

In der Zwischenzeit die Vanillesauce zubereiten. Dafür die Sahne und die Milch in einen Topf geben und mit dem Mark der Vanilleschote bei mittlerer Hitze einmal kurz aufkochen lassen. Vorsichtig den Topf von der Kochstelle ziehen, damit die Vanillemilch nicht anbrennt.

Die Eigelbe mit dem Xucker verquirlen und langsam, unter ständigem Rühren, in die Milchmischung geben. Die Vanillesauce noch einmal kurz, bei mittlerer Hitze unter Rühren erwärmen, dabei aber nicht zum Kochen bringen.

Tipp: Die Eiweiße können wunderbar für das Pavlova Rezept auf Seite 86 verwendet werden.

Variante:

Noch warm serviert, genießen wir unseren Apfelstrudel auch gerne mit einer Kugel Vanilleeis.

Nährwerte pro Portion (bei 20 Stücken):
140 kcal // Eiweiß: 3 g // Fett: 4 g //
anzurechnende Kohlenhydrate: 20 g //
Zucker: 9 g // Ballaststoffe: 3 g

Rezept 30

Stollen
MIT TROCKENOBST

Der Stollen ist eines der traditionsreichsten Weihnachtsgebäcke der Deutschen. Seine erste Erwähnung fand er im 15. Jahrhundert als Fastengebäck, das aufgrund strenger Richtlinien der katholischen Kirche allerdings nur ohne Butter, Milch und Früchte zubereitet werden durfte. Das schmeckte dem Kurfürsten Ernst von Sachsen so gar nicht, er glaubte daran das Gebäck weiter veredeln zu können und bat den einstigen Papst Innozenz VIII das Butterverbot aufzuheben. So nahm die Geschichte ihren Lauf und der Stollen zog in Königshäuser ein, bis er ab dem 16. Jahrhundert auch für das allgemeine Volk auf dem Dresdner Striezelmarkt erhältlich war. Wir haben das traditionelle Gebäck etwas abgewandelt und verwenden statt stark gezuckertem Orangeat und Zitronat lieber Trockenobst. Statt Weißmehl verwenden wir Dinkel- und Mandelmehl.

Zubereitungszeit:

45 min Arbeit + 70 min Backzeit
+ 180 min Wartezeit

Zutaten:

130 ml lauwarme Bio Milch
40 g Xucker Basic/Premium
1 Würfel frische Backhefe
400 g Dinkelmehl 1050
50 g Mandelmehl
2 Bio Eigelb
1 Bio Ei
135 g weiche Bio Butter
100 g Rosinen oder Sultaninen
2 EL Rum
80 g getrocknete Aprikosen
80 g getrocknete Datteln
Abrieb einer Bio Orange
Abrieb einer Bio Limette
Mark einer halben Vanilleschote
100 g flüssige Bio Butter zum Einpinseln

Nährwerte pro Portion (bei 20 Stücken): 184 kcal // Eiweiß: 5 g // Fett: 6,7 g // anzurechnende Kohlenhydrate: 22 g // Zucker: 7,5 g // Ballaststoffe: 2,8 g

Den Ofen auf 180°C Ober- und Unterhitze vorheizen. Die lauwarme Milch mit Xucker, Hefe und 5 EL Dinkelmehl verrühren, mit einem Tuch abdecken und an einem warmen Ort für ca. 30 Minuten gehen lassen. Das restliche Dinkelmehl, Mandelmehl, Eigelb und das ganze Ei zum Vorteig geben und zu einem Teig kneten. Anschließend die Butter fein schneiden und unterkneten. Den Teig abdecken und an einem warmen Ort abermals für 2 Stunden gehen lassen. In der Zwischenzeit die Datteln und Aprikosen in kleine Würfel schneiden und mit den Rosinen mischen. Den Rum darüber verteilen.

Die eingeweichten Früchte nun mit dem Vanillemark sowie dem Orangen- und Limetten-Abrieb unter den Teig kneten. Diesen auf einer bemehlten Arbeitsfläche mit den Händen zusammenkneten und zu einem Stollen formen, der auf ein Backblech drapiert wird. Den Stollen nochmals 30 Minuten gehen lassen und anschließend auf mittlerer Schiene für 70 Minuten backen. Alle 20 Minuten sollte nach dem Stollen gesehen werden. Hat er eine schöne Bräunung erreicht, kann der Stollen mit Alufolie abgedeckt werden, damit er nicht zu dunkel wird.

Den Stollen abkühlen lassen, mit einem Holzstäbchen gleichmäßig anpicken und mit flüssiger Butter einpinseln. Den Stollen in Folie einpacken und ein paar Tage durchziehen lassen.

Tipp: Vor dem Servieren mit Puderxucker bestäuben.

Quellen-
verzeichnis

1. CBIP/ BCFI (2011): REPERTOIRE COMMENTE DES MEDICA-MENTS, online verfügbar unter: http://www.cbip.be/ggr_pdfs/GGR_FR_2011.pdf

2. Cosgrove, M. C. et al. (2007): Dietary nutrient intakes and skin-aging appearance among middle-aged American women. Am. J. Clin. Nutr., 2007 Feb. 86: 1225-1231.

Impressum:
Das Xucker-Backbuch
ISBN 978-3-9820253-0-8
2. überarbeitete Auflage 2020

Xucker GmbH
Bessemerstraße 80, 12103 Berlin
Telefon: +49 (0)30 12 08 43 30
E-Mail: info@xucker.de

Herausgeber: Xucker GmbH
Redaktion: Christin Chmielorz
Fotos: Juliane Meißner
Layout: Karin Osten
Rezepte: Laura Stein

www.xucker.de

Danke
für eure Unterstützung

Ein Backbuch ist nur so gut, wie die Leidenschaft, mit der es entsteht. Dank gilt daher jedem Einzelnen aus dem Xucker-Team, der für „Das Xucker Backbuch" hingebungsvoll Rezepte entwickelt und unsere Kuchen-Kreationen getestet, getestet und nochmal getestet hat. Danke an alle, die fotografiert, gestaltet, getextet und kreuz und quer gelesen haben, bis auch der (hoffentlich) letzte Tippfehler gefunden wurde. Großer Dank gilt letztlich Christian und Andreas, die dieses Projekt ermöglicht haben und allen Beteiligten für die Unterstützung.

Register

A

Apfel
    Gedeckter Apfelkuchen (ohne Mehl) — 52
    Apfelstrudel — 104

Agar-Agar
    Schwarzwälder Kirschtorte (ohne Mehl) — 66
    Ostertorte mit Buttercreme — 78

Apfelstrudel — 104

B

Bananenbrot — 20

Berberitzen
    Kürbiskuchen (ohne Mehl) — 98

Biskuit
    Biskuitboden — 28
    Biskuitrolle mit Erdbeersahne — 46
    Ostertorte mit Buttercreme — 78
    Schwarzwälder Kirschtorte (ohne Mehl) — 66

Brownies — 32

Buttercreme
    Ostertorte mit Buttercreme — 78
    Red Velvet Cake — 76

Butterplätzchen (ohne Mehl) — 102

C

Cashewkerne
    Kürbiskuchen (ohne Mehl) — 98

Chocolate Chip Cookies — 44

Cheesecake (ohne Mehl) — 62

Cream Cheese Frosting
    Red Velvet Cake — 76
    Kürbiskuchen (ohne Mehl) — 98
    Schoko-Kirsch-Kuchen — 48

E

Eis
    Eistorte (ohne Mehl) — 88

Erdbeeren
    Biskuitrolle mit Erdbeersahne — 46
    Eistorte (ohne Mehl) — 88
    Rhabarberkuchen (ohne Mehl) — 82

Erythrit — 9, 10

F

Frischkäse
    Russischer Zupfkuchen — 36
    Cheesecake (ohne Mehl) — 62
    Möhrenkuchen (ohne Mehl) — 42
    Red Velvet Cake — 76
    Kürbiskuchen (ohne Mehl) — 98

Fruchtaufstrich
    Linzer Torte — 34
    Eistorte (ohne Mehl) — 88
    Rhabarberkuchen (ohne Mehl) — 82

G

Gedeckter Apfelkuchen (ohne Mehl)	52
Gewürzkuchen	94
Guarkernmehl	
Schwarzwälder Kirschtorte (ohne Mehl)	66
Ostertorte mit Buttercreme	78

H

Haselnüsse	
Linzer Torte	34
Heiße Schokolade-Pulver	
Schoko-Kuchen (ohne Mehl)	26

J

Joghurt	
Türkischer Mohnkuchen	96

K

Kakao (Backkakao)	
Brownies	32
Russischer Zupfkuchen	36
Schoko-Kirsch-Kuchen	48
Schwarzwälder Kirschtorte (ohne Mehl)	66
Red Velvet Cake	76
Gewürzkuchen	94
Käsekuchen (ohne Mehl)	58
Kekse	
Butterplätzchen (ohne Mehl)	102
Mürbeteig	22
Chocolate Chip Cookies	44
Kirschen	
Kirsch-Muffins	38
Schoko-Kirsch-Kuchen	48
Schwarzwälder Kirschtorte (ohne Mehl)	66
Kirsch-Muffins	38
Kokos	
Kirsch-Muffins	38
Schoko-Kirsch-Kuchen	48
Zitronen-Quark-Kuchen (ohne Mehl)	54
Türkischer Mohnkuchen	96
Kürbiskuchen (ohne Mehl)	98

L

Limetten	
Cheesecake	62
Stollen	108
Linzer Torte	34

M

Mandeln	
Apfelstrudel	104
Ostertorte mit Buttercreme	78

Mandelmehl

    Schoko-Kuchen (ohne Mehl) — 26

    Kirsch-Muffins — 38

    Gedeckter Apfelkuchen (ohne Mehl) — 52

    Rhabarberkuchen (ohne Mehl) — 82

    Kürbiskuchen (ohne Mehl) — 98

    Butterplätzchen (ohne Mehl) — 102

    Stollen — 108

Marmorkuchen (ohne Mehl) — 64

Mohn

    Türkischer Mohnkuchen — 96

Möhrenkuchen (ohne Mehl) — 42

Mürbeteig — 22

    Butterplätzchen (ohne Mehl) — 102

    Gedeckter Apfelkuchen (ohne Mehl) — 52

    Linzer Torte — 34

N

Nüsse & Mandeln — 10, 14

    Linzer Torte — 34

    Chocolate Chip Cookies — 44

    Kürbiskuchen (ohne Mehl) — 98

    Ostertorte mit Buttercreme — 78

    Apfelstrudel — 104

Nüsse & Mandeln, gemahlen

    Biskuitboden — 28

    Linzer Torte — 34

    Möhrenkuchen (ohne Mehl) — 42

    Zitronen-Quark-Kuchen (ohne Mehl) — 54

Marmorkuchen (ohne Mehl) — 64

Schwarzwälder Kirschtorte (ohne Mehl) — 98

Ostertorte — 78

Rhabarberkuchen (ohne Mehl) — 82

Eistorte — 88

O

Ostertorte mit Buttercreme — 78

Orangen

    Stollen — 108

P

Pavlova — 86

Pudding

    Ostertorte mit Buttercreme — 78

Q

Quark

    Schoko-Kuchen (ohne Mehl) — 26

    Russischer Zupfkuchen — 36

    Kirsch-Muffins — 38

    Zitronen-Quark-Kuchen (ohne Mehl) — 54

    Käsekuchen (ohne Mehl) — 58

    Marmorkuchen (ohne Mehl) — 64

R

Red Velvet Cake — 76

Rhabarberkuchen (ohne Mehl) — 82

Rosinen

    Apfelstrudel   104

    Stollen   108

Russischer Zupfkuchen   36

S

Sahne

    Biskuitboden   28

    Biskuitrolle mit Erdbeersahne   46

    Schoko-Kirsch-Kuchen   48

    Schwarzwälder Kirschtorte (ohne Mehl)   66

    Pavlova   86

    Kürbiskuchen (ohne Mehl)   98

Schoko-Drops

    Brownies   32

    Kirsch-Muffins   38

    Chocolate Chip Cookies   44

    Gewürzkuchen   94

Schoko-Kirsch-Kuchen   48

Schoko-Kuchen (ohne Mehl)   26

Schwarzwälder Kirschtorte (ohne Mehl)   66

Stollen   108

Streuselkuchen mit Zwetschgen   90

T

Tungo´s Kirsch-Muffins   38

Tungo´s Schoko-Kuchen   26

Türkischer Mohnkuchen   96

V

Vanille   18, 20, 26, 36, 38, 42, 48, 52, 58, 62, 64, 68, 82, 88, 94, 96, 98, 102, 104,106, 108

Vollkorn   12, 14, 20, 22, 28, 32, 34, 36, 38, 44, 78, 90, 94, 104

X

Xylit   9, 10

Z

Zimt

    Linzer Torte   34

    Kirsch Muffins   38

    Gedeckter Apfelkuchen (ohne Mehl)   52

    Streuselkuchen mit Zwetschgen   90

    Kürbiskuchen (ohne Mehl)   98

    Apfelstrudel   104

Zitronen

    Gedeckter Apfelkuchen (ohne Mehl)   52

    Türkischer Mohnkuchen   96

    Apfelstrudel   104

Zitronen-Quark-Kuchen (ohne Mehl)   54

Zwetschgen

    Streuselkuchen mit Zwetschgen   90